언제나 인생은
내 맘 같지 않았다

발타자르 그라시안 저

도서
출판 **YEGA**

prologue

발타자르 그라시안의 인생 강의에서 해답을 찾는다

지금도 시대를 초월한 최고의 처세술과 인생의 지혜를 선물하고 있는 발타자르 그라시안의 저서는 문명 세계의 모든 언어로 번역 출판되었다. 프리드리히 니체와 아서 쇼펜하우어 등 유럽의 대사상가들도 그의 저서에서 영감을 얻었다고 전해진다.

그라시안의 지혜의 빛을 현대의 독자들에게 소개하는 목적은 두 가지이다. 우선 예수회 수사로 1658년 57세로 영면한 그를 칭송하고자 함이고, 둘째는 정치, 경제, 사회 모든 생활영역에 계몽적인 처세술을 현대인들에게 제공하고자 하는 것이다. 깊은 통찰력을 지닌 그의 글들은 열성적이고 용맹스러운 시대에 살았던 생활에 관해 이야기하며 우리에게 인간의 특성과 한계를 되씹게 하고 인생의 수수께끼를 해결하는 데 도움을 준다.

그라시안이 살았던 17세기는 빈곤, 타락, 위선이 판을 치고, 범세계적으로 도덕적 가치관이 붕괴되고 있었다는 점에서 현대와 유사하다. 그의 잠언은 양식 있는 사람들에게 배신과 사기가 들끓는 세속 세계에 대한 경고를 끊임없이 하고 있다. 예나 지금이나 직장을 가진 사람들은 상사의 변덕으로 실각하는 일이 흔하다. 그라시안은 그러한 사태의 전조를 깊이 탐구하고 그 해결책을 제시했다. 상거래에 있어서도 교활한 경쟁자들에게 밀려나 실패하는 일이 흔하므로 남의 간계에 빠져 패가망신 당하지 않으려면 우선 통찰력이 필요하다. 반목과 불신의 세상에서 남과 부대끼면서 살려면 생존의 불을 밝혀 주는 행동 원칙을 세우지 않으면 안 된다. 무엇보다 중요한 것은 최후의 승자가 되는 것이다.

그라시안의 조리 있는 사고와 냉정한 정신, 그리고 절대로 방심하지 않는 주의력을 따라가다 보면, 일과 정치, 그리고 인간관계에 있어서 자연스럽게 힘을 얻을 수 있다. 남자든 여자든, 비즈니스의 세계에서 자신의 지위를 수호하기 위해 책략을 짜내는 사람들, 그리고 지위를 확립하려는 사람들에게 그라시안의 지적 도구들은 경쟁자들의 반칙과 교활한 저항을 파악할 수 있게 해준다.

총명한 독자는 이따금 그라시안의 말과 지혜에 모순이 있다고 느낄 수도 있다. 그라시안은 "모순이란 인간의 변화하는 능력에서 생겨나는 것"이라고 설명하고 있다. 세상에서 완전히 똑같은 두 개의 상황이란 존재하지 않는다. 따라서 그때그때 견해도 달라질 수 있다.

그라시안은 용기 있는 사람이었으며, 교육과 계몽으로 인류를 변화시킬 수 있다고 믿었다. 어떤 역사가는 그라시안의 세계에는 교회지도 자들로부터 탄압받고 모순을 느끼면서도 수많은 진실을 포함한 냉철한 인간관이 형성되어 있다고 기술한다.

일상생활에 도움을 주는 이 조그만 훈화들은 당신이 특별히 좁고 어려운 길을 가게 될 때, 지침이 되어주고 인생의 처방전을 줄 것으로 확신한다.

발타자르 그라시안의 계몽적인 언어와 만남으로써 독자들 마음속에 있는 영감과 정신적인 활력이 되살아날 수 있기를 기대한다.

contents

PART 1
현명한 인생을 위한 처방전 8

PART 2
배려하는 인생을 위한 처방전 82

PART 3
희망 있는 인생을 위한 처방전 112

PART 4
후회 없는 인생을 위한 처방전 178

PART 1

현명한 인생을 위한 처방전

발타자르 그라시안의 인생 강의
001

다양한 지식을 접하며 사는 인생에는 기쁨이 찾아온다

매일매일 사는 데 쫓겨 안달하며 생활해서는 안 된다. 앞날을 예측하며 계획을 세우고 분별 있는 생활을 하도록 하자. 여유 없는 인생만큼 괴롭고 고달픈 것은 없다. 그것은 편안한 집에서 잠을 자지 못하고 기나긴 여행을 하는 것과 같다.

다양한 지식을 접하며 사는 인생에는 기쁨이 찾아온다. 멋지고 훌륭한 인생을 살아가기 위해서 우선 여러 사람과 대화의 시간을 갖도록 하자. 사람은 지식을 넓혀 가고 그러한 자기 자신을 확인하며 사는 것이라고 할 수 있다. 책은 사람을 참된 인간으로 이끌어 주는 성실한 안내자이다.

그리고 두 번째로 해야 할 일은 시대를 앞서가는 사람들과 대화를 나누는 일이다. 이 세상에 있는 멋지고 훌륭한 모든 것에 눈을 돌리자.

세 번째로 할 일은 자기 내면과의 대화이다. 철학적인 사색을 깊이 하는 일은 이 세상에서 얻을 수 있는 최고의 기쁨 중 하나이다.

여유 없는 인생만큼 괴롭고 고달픈 것은 없다
그것은 편안한 집에서 잠을 자지 못하고
기나긴 여행을 하는 것과 같다

발타자르 그라시안의 인생 강의
002

자신을 주제로 하는 이야기는 될수록 안 하는 것이 좋다

자신에 대해 말할 때 자화자찬을 늘어놓거나 우쭐대는 사람, 또는 무모하게도 자신을 깎아내리는 사람이 있다. 어느 경우든지 자신을 내세우는 것은 계면쩍은 행동이며, 상대방에게 고통을 안겨 줄 수도 있다.

사생활에서도 자신을 화제로 삼는 일은 삼가야 하며, 공적인 자리에서는 더더욱 피해야 한다. 많은 사람 앞에서 말할 때 조금이라도 변변치 못한 주제를 끄집어내거나 그 자리에 함께 있는 사람을 화제로 삼으면 청중들에게 어리석은 인상을 심어 줄 수 있다.

상대방을 덮어 놓고 치켜 올려세우거나 무심코 무시해 버린다면 암초에 걸려 좌초해 버릴 위험에 빠지는 것이므로 이러한 위험을 가볍게 취급해서는 안 된다. 어리석은 사람은 한 번 불에 뛰어들면, 좀처럼 헤어 나오지를 못하는 법이다.

발타자르 그라시안의 인생 강의
003

정당성은 항상 정당해야 하며, 두 개의 얼굴을 갖지 않는다

누구든 각각의 이익에 부합하는 신념을 소유하고 있으며, 제 나름의 입장에 대한 근거가 있으나 대개는 감정이 이성을 압도하고 지배적인 위치에 서게 된다.

결국, 두 가지의 의견이 서로 대립할 때는 서로 자기 쪽에 정당성이 있다고 고집한다. 그러나 정당성은 언제나 정당해야 하며 두 개의 얼굴을 가질 수 없다. 이런 미묘한 상황에서는 양식(樣式)을 사용하면, 신중하게 대처할 수 있다.

즉, 자신의 판단을 조금 누그러뜨리고 상대의 견해를 받아들이면서 자신의 판단에 불확실한 점이 있는지를 살펴야 한다. 그래야 우리 쪽의 의견이 상대방의 견해에까지 영향을 주는 것이다. 그렇게 하면 균형 잡힌 검증 과정을 거칠 수 있으며, 서로의 감정은 사라지고 이성적인 방식으로 혼란과 분규의 원인을 찾아낼 수 있다.

발타자르 그라시안의 인생 강의
004

자신을 믿는 사람은 거침없이 나가라

자신의 꿈을 믿으면, 주변에서 무슨 소리를 하든지 개의치 말고 앞으로 밀고 나가라. 자신을 믿는 사람은 처신에 필요한 모든 것을 손아귀에 장악하고 있다. 자기 자신을 친구로 삼으면 어려운 문제이건 아니건 스스로 해결할 수 있다.

본인의 지식과 판단력이 위험한 길을 피해갈 방법을 알고 있는데 굳이 남의 도움을 받을 필요가 있겠는가!

발타자르 그라시안의 인생 강의
005

환영받는 사람은 남의 말을 경청할 줄 아는 사람이다

어떤 물건이라도 수요가 없으면 가치가 떨어지므로 시장에서는 수요가 가치의 척도가 된다.

초대를 받는 사람도 마찬가지다. 재치와 지혜가 풍부한 사람은 자주 초대를 받는다. 그러나 그런 재능이 없더라도 남의 말을 경청할 줄 아는 사람이면 어느 자리에서든 환대를 받는다.

특별히 뛰어난 지성을 갖추고 있지 않더라도 남의 말을 경청할 줄 아는 사람은 잔잔하고 조용한 바다와 같아 분위기를 편안하고 즐겁게 해준다.

남의 집에서 식사할 때, 맛있는 것만 열심히 골라 먹으면 대식가라는 인상을 주기 때문에 초대자를 즐겁게 하려면 그와 동료들이 권하는 대로 따르고 어느 정도 식욕을 남겨 두는 편이 좋다.

발타자르 그라시안의 인생 강의
006

습관적으로 악한 마음을 품는 사람과는 교제하지 말라

우리는 모두 평범한 사람들에 둘러싸여 생활하고 있다. 범인이 뛰어나지 않다는 점은 어쩔 수 없는 현실이지만, 나쁜 습성이 몸에 배게 되면 무지, 조잡, 천박한 성질이 자리를 잡게 된다.

이런 사람들은 분별없이 말을 하고 매사에 잘난 체를 하며 옹졸하다. 그들은 무지가 낳은 충실한 제자이고 거짓말의 옹호자들이다. 속물들에 둘러싸여 표류하다 보면 위엄과 평판에 금이 가게 된다. 그들의 무리 속에 있느니 차라리 관계하지 않는 것이 얼마나 좋은지 겪어 보지 않은 사람은 모른다.

그들이 무슨 말을 하든, 무슨 생각을 하든 염두에 두지 말라.

발타자르 그라시안의 인생 강의
007

사교의 명수는 모욕을 유머로, 부정을 긍정으로 바꾼다

완벽한 사교술을 몸에 익힌 사람은 별로 없다. 그러나 훌륭한 사람과 만났을 때는 쓸데없는 말로 시간을 낭비하는 것은 금물이라는 것을 몸으로 느끼게 된다.

큰 인물은 언제나 확신에 차 있어서 단도직입적으로 대화하고 싶어 하기 때문이다. 또 상식있는 사람은 적을 나쁘게 말하지 않고 더욱 후하게 대한다. 상대를 공격하는 대신 관대한 태도를 보이는 것이다.

게다가 최고에 달한 사교의 명수라면 적대자의 모욕을 유머로, 부정을 긍정으로 바꿔서, 상대방이 신뢰하지 않을 수 없도록 만들기 때문에 기다리면 자연히 승리 할 수 있는 것이다.

이는 워낙 뛰어난 수법이지만 그들은 이 승리를 조용히 뒷전에 묻는다.

발타자르 그라시안의 인생 강의
008

자신의 매력적인 자질들을 개발하라

자신의 매력적인 자질들을 개발하라. 그것은 사회에서 좋은 인간관계를 유지하는 마법이기 때문이다. 매력은 당장 손에 쥘 수 있는 것보다는 사람의 마음을 얻는 데 부단히 사용하라.

성의는 매력이 첨가됨으로써 빛을 내고 유능한 사람은 잘생긴 얼굴로 인해 더욱 눈에 띈다. 현명한 자들은 이를 잘 이용할 줄 안다. 비옥한 토양에 비료를 뿌리면 더욱 많이 수확할 수 있는 이치와 같다.

이런 방법으로 인기와 동경심이 만들어지고, 사람들의 마음을 사로잡을 수 있는 것이다.

자신의 인격적 매력을 발견하고 이를 발전시키는 것이 가장 중요하다.

자신의 매력적인 자질들을 개발하라
그것은 사회에서 좋은 인간관계를 유지하는
마법이기 때문이다

발타자르 그라시안의 인생 강의
009

쾌락보다 고결한 마음에서 우러나오는 즐거움이 한층 품위가 있다

한정된 예의를 제외한다면, 철학은 현명한 사람들이 추구해야 할 주요한 대상임에도 불구하고, 사람들의 관심을 끌지 못한다.

현시대의 사람들은 재산과 쾌락은 열심히 추구하지만, 그 이외의 것에 사용하는 시간은 아까워한다.

명석하게 사색하는 기술이나, 지식을 획득하기 위한 연역적 추론에서 발견되는 즐거움은 잊혀버려 이성, 관찰력, 신념, 그리고 직관이라는 철학 수단은 영원히 우주를 떠도는 별처럼 녹이 슬어간다.

그러나 비록 사색의 과학이 세인의 관심에서 벗어나고 심지어 멸시를 당한다고 할지라도, 지식 추구와 진리 탐구는 사람들에게 언제나 변치 않는 정신적 영양분이다.

고귀한 마음에서 우러나오는 기쁨은 인격을 높여 준다는 사실을 명심해야 한다.

발타자르 그라시안의 인생 강의
010

수천 가지의 악(惡) 속에서도,
단 한 가지의 선(善)을 찾아내는 사람이 돼라

사람들에게서 장점만을 찾으려고 한다면 누구나 좋은 점이 보인다. 그러나 불평불만으로 가득 찬 사람은 수천 가지의 장점이 있는 사람에게서도 마치 독수리처럼 정확하게 한 가지의 결점만을 낚아챈다. 남의 잘못을 먼지 하나도 남기지 않고 말끔히 쓸어 모아 우월감을 느끼고 왜곡된 쾌감에 빠지기 위해서다. 이들과 함께한다면 언젠가는 큰 함정에 빠질 게 뻔하므로 피하는 것이 좋다.

수천 가지의 악(惡)에 둘러싸여 있어도 단 한 가지의 선(善)을 찾아내는 사람이 돼라. 선량한 사람은 좋은 친구를 만난다. 하지만 선도 그때를 놓치면 소용이 없다.

발타자르 그라시안의 인생 강의
011

인생에 향기를 주는 것은 넉넉한 마음, 깊은 이해심, 고상한 취미다

위엄 있는 인간을 만드는 요소는 세 가지이다. 넉넉한 마음 씀씀이, 깊은 이해심, 그리고 고상한 취미 생활이다.

이 세 가지는 마치 고양이의 눈처럼 암흑의 세계에서 특히 빛을 발하며 똑같은 상황에서도 무언가 조금이라도 나은 기회를 포착하게 해 준다.

고상한 취미도 뛰어난 장점이긴 하지만, 그보다 더욱 가치가 있는 것은 명석한 사고력이다. 그것은 지성이 맺은 달콤한 과실이다.

사람은 자신의 나이에 따라 사고의 지배를 받는다는 점을 언젠가는 깨닫게 된다.

20대에는 욕망의 지배를 받고, 30대에는 이해타산, 40대에는 분별력, 그리고 40대가 지나면 지혜로운 경험의 지배를 받는다.

위엄 있는 사람의 구두가 누구의 발에나 맞는 것은 아니지만, 가능한 한 그 구두를 신으려고 노력하지 않으면 안 된다.

발타자르 그라시안의 인생 강의
012

시련을 딛고 선 사람이 가장 좋은 친구다

신뢰가 두터운 친구 관계도 있고 극히 가벼운 친구 관계도 있다. 전자는 당신의 인생을 충만하게 해주지만, 후자는 일시적인 즐거움밖에 주지 못한다. 오늘날과 같이 야심으로 가득 찬 세상에는 사람의 됨됨이보다는 사회적 지위로 친구를 선택한다.

그러나 시대의 시련을 딛고 선 사람이 가장 좋은 친구이다. 그들은 기회를 포착하여 지위에 아첨하는 무리가 아닌, 판단력에 따라 선택할 수 있는 사람이기 때문이다.

친구를 선택하는 일은 인생의 중대사임에도 불구하고 쉽게 생각하는 사람들이 많다. 그저 만나면 즐겁다는 이유 하나로 친구라고 할 수는 없다. 상대의 마음을 보지 않고 단순히 말 상대 친구로 삼는 일도 있기 때문이다.

발타자르 그라시안의 인생 강의
013

은혜를 베풀려면, 조금씩 성의 있게 베풀어라

은혜도 도가 지나치면 좋지 않기 때문에 은혜를 베풀려면, 상대가 받아들일 수 있는 한계 안에서 베풀어라.

상대를 부담스럽게 하면 은혜에 보답할 수 없게 되어 서로 서먹해지고 그 부담을 피하고자 당신에게서 멀어진다. 상황에 따라서는 이것이 반목의 원인이 될 수도 있다.

이는 마치 우상(偶像)과 이를 만든 조각가의 관계와 같아서 은혜를 받은 사람은 베푼 사람에게 깊은 감사를 느끼지 못한다. 따라서 쓸데없는 과잉 친절보다는 상대가 바라고 소중히 여기는 것을 베풀어라. 은혜는 조금씩 성의 있게 베푸는 것이 좋다.

신상(神像)은 자기를 아름답게 조각해 주는 조각가의 얼굴을 보고 싶어 하지 않는 법이고, 은혜를 받은 사람은 은혜를 베풀어 준 사람 곁에 가까이 있고 싶어 하지 않는 법이다.

발타자르 그라시안의 인생 강의
014

자신의 생활신조는 마음속 깊이 묻어 두어라

현명한 사람이라면 비밀이 언젠가는 사람들에게 드러나는 것을 알기 때문에 혼자 있을 때도 세상 사람들이 모두 자신을 주목하고 있는 것처럼 행동한다.

자기 생각을 남에게 말할 때마다 증인 한 사람을 더 만드는 것이며, 그 증인은 훗날 증언대 위에 설지도 모른다. 따라서 현명한 사람은 자신의 신조를 마음속 깊이 묻어 둔다.

원래 비밀이란 조금만 누설되어도 순식간에 그 힘을 모두 잃어버린다. 그러므로 현명한 사람은 누구와 말다툼을 할 때도 비밀이 새어 나가지 않도록 문단속을 철저히 하고 비밀이 밖으로 표출되지 않도록 마음을 억제하는 것이다.

발타자르 그라시안의 인생 강의
015

인위적인 것보다 자연스러운 것이 좋다

겉멋은 언제나 자연스럽지 못한 행동을 낳는다. 이런 행동들은 모두에게 미움을 살 뿐만 아니라, 끊임없이 자신의 말과 행동을 되돌아보고 인위적으로 만들어야 하므로 본인에게도 상당히 고통스럽다.

사람은 언제나 인위적인 것보다 자연스러운 것을 좋아한다. 자신감과 안목을 겸비한 사람도 자기 능력을 과시하지 않는다. 오히려 그것을 감춤으로써 뭇사람들의 매력을 끄는 것이다.

모든 면에서 뛰어나면서도 잘난 체하지 않고 겸손한 사람은 더욱 위대해 보인다.

발타자르 그라시안의 인생 강의
016

조급함에 실패하는 사람은 남의 말을 받아들이는 여유를 가져라

처음 느끼는 인상만으로 사물을 판단해 버리는 사람이 있다. 그러나 처음 귀에 솔깃한 말에는 선동적인 경향이 많고 대개 자연스럽게 결점이 드러나게 마련이며 일단 그런 사태가 전개되면 사물의 본질마저도 혼란을 일으키고 만다.

보통 처음 본 것에 대한 기대감이나 귀에 솔깃한 말에 대한 공감도 올바른 결론을 도출하기까지는 미흡함으로 다른 견해를 받아들일 만한 여유를 항상 남겨 두어야 한다.

이처럼 조급성 때문에 일을 그르치는 사람은 불순한 의도를 가지고 접근해 오는 사람에게 특히 무방비 상태이므로 그런 사태에 빠져들어 가면 치명적인 낭패를 당할 수도 있다.

어떤 일이 있더라도 처음 보는 인상으로 판단하지 말고 제2, 제3의 정보를 받아들일 여유 있는 태세를 가져야 하며 더는 좋은 대안이 없다고 판단할 때까지 숙고해야 한다.

발타자르 그라시안의 인생 강의
017

매사에 너무 한쪽으로 치우치는 것은 좋지 않다

오늘날에는 사람이나 사물이나 조화를 상실하였다. 유명한 작가가 심원한 수필을 발표하면, 사람들은 그것을 입 모아 찬양하며, 똑같은 주제로 다른 견해를 언급해도 쉽게 감화되어 역시 찬양한다.

사람들은 그때그때의 기분에 맞는 사고 풍조에 정서적으로 반응하기 때문에, 더 없는 행운을 쥐고도 불만을 느끼는가 하면 불운에 깊이 빠져 있어도 만족해한다.

기분의 추가 흔들리는 대로 어떤 때는 자신이 저지른 실수에 자학하기도 하고 또 어떤 때는 남을 탓하기 쉬운 그릇된 생각에 빠져들기도 하며, 지금보다 옛날이 좋았다고 푸념하면서 과거 속에 파묻혀 사는 사람도 있다.

그러므로 매사에 너무 한쪽으로 치우치는 것은 좋지 않다. 좋은 일이 있다고 웃는 사람이나, 나쁜 일이 생겼다고 우는 사람이나 결국에는 똑같이 우를 범하는 사람들이다.

발타자르 그라시안의 인생 강의
018

은혜를 낳기 위해서는 도의심이 있는 사람과 교제하라

일의 세계에서 본인이 돌보아 주는 일이 허사가 되지 않으려면 항상 도의심을 가진 사람과 손을 잡아라. 자신이 도움을 받기 전에 먼저 상대방의 편의를 도모하는 전술을 사용하는 것이다. 이런 편의 전술을 사용하면 이중의 장점이 있다.

조건 없이 베푸는 은혜는 더욱더 깊은 감사를 받는다. 정치가는 바로 이 점을 출세의 실마리로 삼는다. 그러나 주변에는 항상 호의를 감사히 여기는 사람만 있는 것은 아니다.

진정한 친구 사이에는 호의를 기쁜 마음으로 받고, 또 기쁘게 베푸는 일이 지극히 자연스럽다. 은혜란 베푸는 쪽에서는 형편이 좋을 때 받을 수 있는 약속어음이고, 기간을 잘 지키면 큰 이익이 돌아온다.

그러나 도의심이 없으면 당연히 이런 관계는 성립되지 않는다. 도의심이 없는 사람에게는 이 담보물에 책임을 느끼기는커녕 구속감으로 느끼기 때문이다.

발타자르 그라시안의 인생 강의
019

의견은 삼가서 말해야 한다

누구나 자기 자신의 이익을 가장 우선으로 생각하는 법이고, 자신의 정당성을 주장하는 데에는 온갖 논거(論據)를 늘어놓기 마련이다. 대부분 남에 관한 판단은 감정에 크게 좌우된다. 두 사람이 티격태격, 옥신각신하며 서로 자기 쪽이 옳다고 우기며 양보하지 않는 모습은 흔히 볼 수 있는 일이다.

그러나 정도는 항상 둘이 아닌 하나이며 진실이 둘이 될 수는 없다. 남과 의견이 충돌되었을 때에는 지혜를 짜내어 신중히 이야기를 진행해 나가는 것이 좋다. 때로는 지금까지와 반대의 관점을 택하여 신중하게 의견을 바꾸어 나갈 수도 있어야 한다.

상대방의 관점에 서서 자기 자신을 검토해 보는 것도 중요하며 그렇게 하면 함부로 상대방을 비난하는 일도 없고, 무턱대고 자신을 정당화시키는 일도 없을 것이다.

발타자르 그라시안의 인생 강의
020

친구는 자신의 분신이다

친구는 또 다른 자기, 즉 제2의 자신이다. 친구에 대해서는 누구나 친절하고 거리낌 없이 지혜를 빌려준다. 그들과 함께 있으면 무엇이든 잘 되어 나가는 것이다.

친구가 기대를 걸어 주는 것은 자신에게 그만한 가치가 있다는 말이고, 그들이 높이 평가해 준다면 그것을 곧이곧대로 받아들여도 좋다. 친구의 입에서 나오는 말은 마음속에서 나오는 말이다.

친구를 만들려면 인품이나 태도에 젠체하거나 격식 차림이 없이 친절한 행동을 보여 주는 것이 제일이다. 상대방을 위해서 정성을 다하는 일만큼 그의 마음을 사로잡는 길은 없다. 얼마나 많은 것을 얻을 수 있는가, 얼마나 많은 일을 이루어 낼 수 있는가는 친구 나름이다.

삶은 좋은 친구와 함께 살아나가든가, 아니면 적과 상대하며 전쟁 같은 매일을 보내든가 둘 중 하나이다.

발타자르 그라시안의 인생 강의
021

어리석은 사람은 결코 중후한 인품을 가질 수 없다

사람은 지위에 따라 제각기 맡은 역할을 가지고 있다. 어떤 사람은 이 역할을 잘 수행하고 또 어떤 사람은 서툴게 수행한다.

지도자의 역할은 반드시 성공과 실패로 결정되는 것은 아니다. 오히려 부하 직원들이 즐겁게 그를 따르느냐, 아니면 억지로 따르느냐에 달려 있다.

현명한 장수는 칭찬과 격려로 병사들을 대한다. 사람들이 따르려면 지도자의 재치와 신중한 판단이 필요하다. 어리석은 사람은 신중한 사람의 반발을 사고 무시당하며 긴 세월 동안 상식과 교양, 지혜를 쌓지 못했기 때문에 나이를 먹을수록 더욱더 어리석게 보인다.

이러한 부덕은 인생의 황혼기에 접어든 많은 사람이 떨치지 못하고 있는 인간적 결함임은 물론 치욕적인 불명예이다.

발타자르 그라시안의 인생 강의
022

침착한 태도는 본연의 정신 상태의 외적 모습이다

성숙이란 한 사람의 인격과 그가 사회생활을 하면서 쓰고 다니는 가면에 다리를 놓아준다. 도덕적 무게는 인간의 가치를 높인다. 남에게 양보함으로써 존경받는 것도 바로 이 무게 때문이며 이것은 사회에서 온갖 시련에 대처하는 유효한 대비책이다.

현명한 사람은 침착한 태도가 본연의 정신 상태를 보여 주는 거울이라는 것을 잘 알고 있으며 온갖 권위, 불확실성, 불안 그리고 종말이나 의혹과도 정면으로 맞설 수 있다.

성숙한 만큼 인간답게 되며 비로소 어린 시절의 미숙함을 벗어나 권위를 갖게 되는 것이다.

현명한 사람은 침착한 태도가
본연의 정신 상태를 보여 주는 거울이라는 것을 잘 알고 있으며
온갖 권위, 불확실성, 불안
그리고 종말이나 의혹과도 정면으로 맞설 수 있다

발타자르 그라시안의 인생 강의
023

항상 주의를 게을리하지 말라

운명이란 약탈을 즐기고, 잠자리를 습격하는가 하면, 치밀한 계획마저도 단숨에 뒤집어 버리므로 절대로 방심해서는 안 된다.

정신과 사고, 인내심, 심지어 태도에 이르기까지 틈을 보여서는 안 된다. 이들을 돌보지 않는 바로 그 순간부터 운명이 심술을 부린다.

항상 주의를 게을리하지 말라. 태만한 자에게는 몸이나 마음, 아니 몸과 마음 모두에 파멸이 닥친다.

경계심을 풀면 기회를 노리고 있던 자들이 용서 없이 당신을 넘어뜨린다.

발타자르 그라시안의 인생 강의
024

참다운 사람은 그릇이 지위를 뛰어넘는다

남이 요청한 일을 할 때는 그 이상을 해야지, 그 이하로 해서는 안 된다. 아무리 높은 지위에 있어도 그 지위에 있기에는 아까운 사람이라는 생각이 들게 해야 한다.

그릇이 큰 사람은 스스로 두각을 나타내고, 직장에서도 뛰어난 능력을 발휘한다. 그러나 부정한 방법과 단지 운이 좋아 출세한 사람은 머지않아 능력이 탄로 나 그동안 쌓은 명성까지 모두 잃게 되는 것이다. 참다운 지도자는 사람됨의 그릇이 그의 지위를 뛰어넘는다. 그리고 위선과 허세와는 관계가 멀고, 기대 이상의 능력을 발휘하여 부하 직원들의 본보기가 된다.

발타자르 그라시안의 인생 강의
025

영웅은 모든 면에서 위대하고 근엄하지 않으면 안 된다

어느 지방에 많은 토지를 소유하고 제일 큰 저택에서 사는 사람이 있었다. 그 거만한 태도가 하늘을 찌를 듯해도 워낙 재력이 있고 그 지방에 사는 사람들이 대부분 그의 소작인이었기 때문에 누구도 감히 그에게 충언하지 못했다.

하지만 그 남자는 누구의 존경도, 사랑도 받지 못했다. 주변 사람들은 기회만 닿으면 그를 이용하려고만 하였다. 사람들 눈에 그는 그저 가엾은 사람으로만 비쳤다. 만일 그 사람이 재력에 비길만한 정신적 재산을 가지고 있었다면 얼마나 위대한 인물이 되었을까?

신의 권능이 무한하듯 영웅 또한 훌륭한 자질과 태도는 물론 고상한 사고방식으로 채워져 있어야 하며 모든 면에서 위대하고 근엄하지 않으면 안 된다.

남들 앞에서나 혹은 혼자 있을 때도 모든 행동에서 보통 사람들을 뛰어넘어야 한다. 이것이 부족했기 때문에 그 부자는 세상에서 제일 부유한 패잔병이 되어 버린 것이다.

발타자르 그라시안의 인생 강의
026

선의를 가진 사람은 결점이 드러나도 누구도 손가락질 하지 않는다

선의란 인간이 가진 위대한 자산 가운데 하나이며 부자이건 가난한 사람이건 인덕만 갖추면 부수적으로 따라오는 것이다. 그것은 고결함에 대한 보답이라고 말할 수 있다.

사업에서도 선의는 상품 이상의 가치가 있고, 그 자체가 신용 매물이 되기도 한다. 그 가치는 무한 신뢰를 받기 때문에 일 이외 나머지 것에 대해서도 관대하게 넘어가는 사람이 있다.

세상 경험이 많은 사람은 아무리 장점을 많이 가진 사람이라 할지라도 세상의 인정과 지지가 없으면 자갈밭을 걸어야 한다는 점을 잘 알고 있다. 따라서 선의를 가진 사람은 설사 결점이 드러나도 누구도 손가락질하지 않는 힘이 있다는 것을 기억해 두어야 한다.

발타자르 그라시안의 인생 강의
027

바른 행동이라도 예의가 뒷받침해 주지 않으면 존경을 받을 수 없다

대체로 사람은 본의 아니게 의무와 필요에 따라서 말과 행동을 하거나 이기기 위해서 어쩔 수 없이 나쁜 짓을 하고 남을 비방한다. 그러한 말과 행동에 어느 정도 근거만 있으면 세상 사람들은 쉽게 받아들인다.

올바른 일을 하고 있다고 해도 평소 평판이 좋지 않다면 인정을 받지 못한다. 아직 세상에는 사람에 대한 주변 사람의 평가를 중요시하는데 세상이 인정하는 좋은 사람은 예의 바른 사람이므로 항상 바른 행동과 예절이 뒷받침해 주어야 한다.

예의 바른 사람은 말로써 행위를 살 수도 있고, 경의를 표한 만큼 되돌아온다. 이러한 행동은 언제나 손실보다 이득이 더 많다.

세련된 예절은 절묘한 정복자인 셈이다.

발타자르 그라시안의 인생 강의
028

뛰어난 인물이 되려면 양극단의 만남을 활용하라

예의나 안면을 익히기 위해서는 가능한 많은 사람과 교제를 하는 것이 더욱 효과적이다. 그러면 자신도 모르게 주변 사람들의 생각과 정신까지도 자연스럽게 받아들일 수 있게 된다.

성질이 불같은 사람은 온화한 사람과, 직선적인 사람은 자제력이 있는 사람과, 절도를 잃기 쉬운 사람은 분별력이 있는 사람과 교제하면 좋다.

구체적인 사물의 세계가 상호 대비되는 사물들로 인해 아름다운 조화를 이루고 있듯이, 도의의 세계 역시 대비 개념들로 인해 더욱 위대한 조화를 이룰 수 있다.

친구나 공동 사업자를 선택할 때에는 이러한 상호 대비 개념을 잘 활용할 줄 알아야 하며 양극단이 만남으로써 예상치 못했던 유익한 길이 열리도록 해야 한다.

발타자르 그라시안의 인생 강의
029

인간적인 매력은 소박하고 강력한 무기이다

인간은 매력으로 산다고 해도 과언이 아니다. 그것은 하늘이 사람 각자에게 내려준 선물이다. 매력은 재능을 발휘하여 대화에 꽃을 피우고 행동에 혼을 불어넣어 그 자체가 빛이 된다.

또한, 소박하고 강력한 무기이기도 하다. 조금만 사용해도 강하게 심금을 울리고 무난하게 대화를 이끌어 가며 몸가짐을 훌륭하게 보이도록 해 준다. 매력이 없으면 미모도 의미가 없어지고 우아한 자태도 전혀 우아해 보이지 않게 된다.

매력이라는 이 찬란한 특성은 용기와 지혜, 이성과 위대함조차 초월하여 버리기 때문에 어떤 어려운 사업도 예를 잃지 않고 무난히 헤쳐 나갈 수 있도록 해준다.

발타자르 그라시안의 인생 강의
030

균형 잡힌 사고방식은 행복을 낳는다

사람들의 마음속에는 천국과 지옥이 있다. 우리가 사는 세상은 바로 그 중간에 위치한다. 우리는 모두 양극에 끼여 살고 있어서 행운도 잡고 괴로움도 당한다.

세상 그 자체는 아무것도 아니다. 다만 지옥으로 가느냐, 천국으로 가느냐가 중요한 것이다. 사람들은 천국에 대한 동경심과 지옥에 대한 두려움에 의해 창조되었다. 그리고 성장함에 따라 편리를 추구한다. 따라서 자신에게 할당된 운명을 받아들이는 것이 진리라면, 거기에 동요하지 않는 것이 지혜라고 말할 수 있다.

인생은 날이 갈수록 복잡해지지만, 산꼭대기에 오르면 계곡으로 내려가는 길이 훤히 보이듯이 종말에 가까이 가면 또다시 평탄한 길이 나오기 마련이다.

인생의 여로에서 항상 균형 잡힌 사고를 해나가면, 행복한 최후를 보게 될 것이다.

발타자르 그라시안의 인생 강의
031

예의 바른 몸가짐은 그 하나만으로도 사랑을 받는다

예의를 지킨다고 해서 손해될 일은 없다. 예의는 품성의 기초이고 마술과 같아서 만인의 사랑을 받게 해 준다.

남에게 신사란 말을 듣도록 하라. 이 평판만으로도 충분히 사랑을 받는다. 반대로 무례하다는 인식을 받게 되면 경멸당하고 아무도 가까이하려 하지 않는다.

오만에서 비롯된 무례함은 용서하기 어렵고, 천박함에서 생겨나는 무례함은 불쾌감을 준다.

적에게도 예의 바르게 대해 주어라. 그것이 실제로 얼마나 효과를 나타내는지 해보면 알 것이다. 자본은 거의 들지 않았는데도 뜻밖에 많은 배당금을 받는다.

발타자르 그라시안의 인생 강의
032

좋아함도 지나치면 안 된다

존경과 애정은 같은 것이 아니다. 오래 존경받고 싶다면 지나친 사랑은 삼가야 할 일이다. 애정은 증오감 이상으로 자유를 앗아간다. 애정과 존경은 서로 융합하는 일이 없다.

사람을 너무 두려워하거나 어려워해서도 안 되지만 지나치게 좋아하는 일도 좋지 않다.

사람이 지나치게 친숙하여 서로 허물없이 지내면 자칫 존경의 마음이 없어지므로 오직 사랑하고 좋아만 하는 것이 아니라 서로 공경하고 공경받는 사이가 되어야 한다.

발타자르 그라시안의 인생 강의
033

내면이 깊을수록 참된 인간이다

인간은 내면적인 깊이를 더해 갈수록 참된 인간으로서의 진가를 발휘한다. 다이아몬드의 번쩍이는 빛이 그 내부 구조로 결정되듯 인간도 겉보기(겉치레)보다는 내면(마음)을 충실하게 하는 일이 훨씬 더 중요하다.

겉보기만 그럴듯하게 차리려는 사람은 마치 집을 짓다가 자금이 떨어져서 재료를 제대로 쓰지 않고 지은 집과 같다. 그런 사람과 사귀게 되면 상대방은 아무렇지 않겠지만 본인은 조금도 마음이 편하지 않다.

처음에는 여러 사람과 안부도 묻고 의례적인 말을 주고받겠지만 처음 인사가 끝나면 더는 할 말이 없어지고 수도하는 중처럼 입을 다물어 버린다.

쉴새 없이 넘쳐흐르는 지식의 샘물에 입을 축이지 않으면 이야기는 말라 버리게 된다.

발타자르 그라시안의 인생 강의
034

인간으로서의 완성을 목표로 삼아라

신이 아닌 이상 완성된 인간으로 태어난 사람은 없다. 날마다 노력에 노력을 거듭하고 인격적으로나 직업적으로나 완성을 목표로 삼고 정진해 나아감으로써 재능은 점점 빛을 더해 가고 그 이름은 높아지게 된다.

'고상한 취미와 명석한 두뇌, 명확한 의지와 원숙한 판단력' 이러한 조건들이 완성된 인간임을 나타내는 지표가 된다. 항상 무엇인가 부족한 점이 있어서 완성이라는 영역에 이르지 못하는 사람이 있는가 하면 오랜 세월 끝에 자아실현을 하는 사람도 있다.

자아실현을 한 사람은 말속에 밝은 마음과 슬기로운 생각이 넘쳐흐른다. 분별력이 있는 행동을 하므로 생각이 깊고 뛰어난 사람이라는 평가를 받아 어딜 가나 환영을 받고 누구나 친구가 되고 싶어 한다.

발타자르 그라시안의 인생 강의
035

현명한 사람은 현명한 사람을 부른다

상대방과의 대화가 통하지 않던지 성의를 다해 열성적으로 한 말이 받아들여지지 않을 때, 사람들은 말할 수 없는 욕구불만에 쌓이게 된다. 총명한 사람의 무게 있는 말 한마디는 군중의 박수갈채보다 더 귀하다. 따라서 현명한 사람의 의견과 덕망 있는 사람의 올바른 판단에 의지해야만 한다.

인생을 가치 있게 하려면 그런 친구를 사귀고 받들어야 한다. 그들의 격려는 생의 마지막 만족감을 가져다줄 것이다. 현명한 사람은 현명한 사람을 부른다. 그런 까닭에 플라톤은 아리스토텔레스를 그의 유일무이한 제자로 삼았다.

천박하고 통찰력이 부족한 자는 무난한 인물을 찾고 총명한 사람을 두려워한다. 교제의 기준을 될수록 낮추어야만 자신이 위안받을 수 있고, 친구에게서 기대하지 않는 편이 노력도 필요 없고 무난하기 때문이다.

발타자르 그라시안의 인생 강의
036

<u>스스로 노력해서 인격을 높여라</u>

인간의 성격은 7년마다 바뀐다고 한다. 이러한 변화의 길목에서 스스로 식견을 높여야 한다.

태어나서 7년이 지나면 인간은 이성을 가지기 시작하고 7년이 지날 때마다 새로운 미덕을 몸에 익히게 된다. 자연스러운 성장과 함께 인격을 높이도록 노력하자. 그리고 다른 사람들도 똑같이 성장해 간다는 사실을 깨닫고 따뜻한 눈길로 잘 살펴보는 것이 좋다.

대부분의 사람은 이런 노력으로 행동을 고쳐나가고, 높은 지위에도 오르며 마침내 자신에게 맞는 직업을 찾게 된다.

대부분의 사람은
이런 노력으로 행동을 고쳐나가고,
높은 지위에도 오르며 마침내
자신에게 맞는 직업을 찾게 된다

발타자르 그라시안의 인생 강의
037

행동은 차근하고 신속하게 하라

어떤 일을 하려면 '부지런히, 그리고 신속하게' 하라. 머리로 곰곰이 생각한 일은 몸과 마음을 아끼지 말고 재빨리 실천에 옮겨라.

현명한 사람은 여러 가지 생각으로 망설이다가 실패하는 경우가 많고 어리석은 사람은 무엇인가 있어도 멈추지 않고 그냥 앞으로 나아가는 경우가 많다.

어리석은 사람은 일찍 서둘러서 하려고만 하는데 이는 장애물이 생겨도 해결 방법을 미리 생각해 두지 않았기 때문에 무모한 행동으로 끝나 버리기 쉽다.

현명한 사람은 어떤 일이 있을 때마다 멈추었다가 가곤 해서 판단은 바르고 옳지만 그만큼 느려지므로 잘 진척이 되지 않는다.

신속이야말로 행운의 어머니이다. 무슨 일이든 내일로 미루지 않을 것을 명심하고 목표로서 내걸어야 할 말은 '차근차근, 신속하게 하라.' 이다.

발타자르 그라시안의 인생 강의
038

자신의 재능을 과시해서는 안 된다

재능을 과시하지 말라. 그런 짓은 어리석은 사람이 범하는 잘못이며 다른 사람에게 드러내 보이면 불쾌하고 혐오감만 불러일으킬 뿐이다. 허세를 부리고 있는 당사자도 마음이 편할 날이 없다. 언제나 겉치레에 신경을 쓰고 체면을 차리고 있지 않으면 안 된다는 것은 고문이나 다름없기 때문이다.

뛰어난 재능을 가진 사람일지라도 그 재능을 너무 자랑해 보이면 가치가 떨어져 버린다. 사람들은 그 재능이 타고난 진짜 재능이 아니라 아주 큰 노력을 해서 그럴듯하게 보이게 하는 마술과 같은 것으로 생각한다.

무슨 일이든 일부러 그럴듯하게 꾸민 것보다 자연스러운 쪽이 사람들의 눈에는 보기 좋게 비치는 법이다. 재능이 있는 척하면 할수록 사람들 눈에는 저런 재능 따위는 없어도 된다는 식의 거부감이 들게 되는 것이다.

발타자르 그라시안의 인생 강의
039

값진 인생은 좋은 친구가 있느냐 없느냐에 달려 있다

성공한 인생을 보내느냐 그렇지 않으냐는 좋은 친구가 있느냐 없느냐에 달려 있음으로 친구로 삼고 싶은 사람이 분별 있는 사람인가, 의지와 총명함도 지닌 사람인가를 잘 알아보고 선택해야 한다.

그런데 그러한 점에 특별히 유의하는 사람은 많지 않은 것 같다. 사소한 사건이 발단되어 친구가 되는 경우도 있지만, 대개는 우연한 데에서 이루어진다.

사람은 그의 친구를 보면 됨됨이를 판단할 수가 있다. 현명한 사람이 어리석고 바보 같은 사람과 친해지는 경우는 없다. 함께 떠들며 즐거워하는 것만으로 친구가 되는 것은 아니다.

그 사람의 재능을 모두 인정할 수는 없으나 유머 감각만을 보고 사귀는 경우의 우정에는 떳떳하고 바른 경우보다 그렇지 못한 경우가 더 많고 쾌락만을 찾는 우정이라고 할 수 있겠다.

도리를 일깨워주는 친구의 날카로운 비판은 다른 수많은 선의에 가득 찬 따뜻한 말보다도 고마운 말이 된다. 그러므로 친구는 되는 대로 사귈 것이 아니라 신중하게 선택해야 한다. 이런 친구는 인생살이에

풍성한 열매를 가져오고 성공을 약속하는 우정이다.
생각이 깊고 분별 있는 친구는 슬픔을 쫓아내 주고, 어리석은 친구는 슬픔을 가까이 불러들인다. 그리고 언제까지나 우정을 지키고 싶으면 친구가 행복한 생활을 하도록 기원해 주어야만 한다.

발타자르 그라시안의 인생 강의
040

절도를 아는 사람과 사귀어라

절도 있는 언행을 하는 사람에게 정성껏 호의를 베풀고 그들로부터도 호의를 받을 수 있도록 노력하라. 절도를 중시하는 그 태도가 어떠한 경우라도(비록 의견이 대립하여도) 자신을 공정하게 다루어 줄 보증이 된다. 왜냐하면, 그러한 사람은 자기가 바르다고 생각한 대로 행동하기 때문이다.

마음이 좁고 천한 사람을 패배시키는 데 에너지를 허비하느니 고결한 사람과 싸우는 편이 훨씬 더 유익한 것이다. 마음이 좁은 사람들은 공정하게 판단하고 행동해야 한다는 의무감 따위는 아예 가지고 있지 않아 참다운 우정이라는 것도 싹트지 않는다. 명예를 소중히 여기는 마음에서 나온 말이 아니므로 그들이 어떤 좋은 말을 하더라도 믿을 수가 없다.

명예를 존중하지 않는다면 미덕도 존중하지 않기 때문에 그런 사람들과는 사귀지 않는 편이 좋다. 명예심이야말로 고결한 사람의 훈장과도 같은 것이다.

발타자르 그라시안의 인생 강의
041

몇 가지 결점만 고치면 더 큰 인물이 될 수 있다

몇 개 안 되는 결점 때문에 큰 인물이 되지 못하는 사람들이 많다. 마치 산꼭대기는 보이는데 밟고 올라갈 곳이 없는 것과 같다.

자세히 살펴보면, 평범한 사람도 작은 결점만 고치면 큰 인물이 될 가망성이 크다. 어떤 사람은 부족한 진실성에 뛰어난 재능이 묻혀 있기도 하고 어떤 사람은 첫 단추부터 잘못 채워져 있다.

처음 두각을 나타내기 시작한 사람의 결점은 쉽게 사람들의 눈에 띄게 되는데 불성실과 변덕 등 사소한 결점들은 조금만 주의를 하면 쉽게 없앨 수 있다.

발타자르 그라시안의 인생 강의
042

자신을 희생하면서까지 남을 도울 필요는 없다

고통의 씨앗을 맡지 말라. 귀찮고 번거로운 일에 말려들지 않게 신중하게 행동하고 괴로운 고민의 씨앗이 될 만한 일은 피하는 것이 현명하다.

세상에는 달콤하고 듣기 좋은 겉치레 말이나 간사한 말만을 기꺼이 듣는 사람이 있고 또 씁쓸하거나 재미있는 가십에만 귀를 기울이는 사람도 있다. 그런가 하면 독약을 마시지 않으면 하루도 보낼 수 없었던 미트리다테스 대왕(소아시아의 고대 국가 폰토스의 왕. 독약이 든 음식을 먹게 될까 두려워 매일같이 조금씩 독약을 먹음으로써 독약에 면역이 생기게 하였다)처럼 '불쾌'라는 이름의 약을 매일 한 봉지씩 먹지 않으면 살지 못하는 사람도 있다.

비록 상대방이 아무리 친숙한 사람이라도 그 사람을 도움으로써 평생 괴로움과 고민의 씨앗을 자신이 품고 있는 일이 있어서는 안 된다. 무엇인가 문제가 있을 때 조언해 주는 것으로만 그치면 자신은 아무런 위험이 없다. 자기 자신의 행복을 희생해서까지 남을 도와줄 필요는 없다.

비록 상대방이 아무리 친숙한 사람이라도
그 사람을 도움으로써 평생 괴로움과 고민의 씨앗을
자신이 품고 있는 일이 있어서는 안 된다

발타자르 그라시안의 인생 강의
043

대화를 나누어 보면 그 사람의 됨됨이를 알 수 있다

남과 자주 대화를 나누어 보도록 하라. 대화는 말솜씨가 능숙한가 그렇지 않은가를 판단하는 기준이 되며 인간이 하는 모든 활동 가운데에서 대화만큼 그 사람의 사려분별을 알아볼 수 있는 좋은 방법은 없다. 사회생활에서 성공하느냐 실패하느냐는 대화를 잘하느냐 못하느냐에 달려 있다고 해도 과언이 아니다.

편지는 마음속에 있는 생각을 글로 적은 일종의 대화로 신중하게 써야 하듯이 남과 대화할 때는 그 이상으로 신중하게 해야 한다. 사려분별이 있느냐 없느냐가 그 대화에서 표출되기 때문이다.

대화하는 말솜씨가 능숙한 사람은 상대방이 하는 이야기를 잘 듣고 그 말 한마디 한마디에서 말의 본뜻을 재빨리 알아차린다.

어느 학자는 "무엇이든 이야기를 해보아라. 그러면 그 사람의 됨됨이를 알 수 있을 것이다."라고 하였다.

옷맵시를 지나치게 뽐내지 않는 것이 좋은 것처럼 남과 나누는 대화도 특별한 것을 의식하지 않고 있는 그대로 털어놓는 편이 좋다고 생각하는 사람들이 있다.

친구끼리라면 그렇게 해도 괜찮을지라도 지위가 높은 사람들과 모임에서는 자신의 됨됨이가 남들 앞에 속속들이 드러나기 때문에 좀 더 신중한 태도로 대화를 해야 한다.

남과 대화를 잘하고 싶다면 상대방의 타고난 기질이나 지식, 교양의 정도에 자신을 맞추어야 한다. 상대방이 하는 말의 말꼬리를 잡고 늘어져서는 안 된다. 더구나 남의 말에 일일이 비난을 한다면 누구도 더는 상대해 주지 않으려 할 것이다.

남과 대화를 할 때는 청산유수처럼 잘해 나가는 것보다 신중하게 할 말만 골라서 하는 것이 매우 중요하다.

발타자르 그라시안의 인생 강의
044

지식도 시대에 맞아야 쓸모가 있음을 알아야 한다

사물에 대한 사고방식이 바뀌게 되면 그에 따라 가치관도 변한다. 옛날의 사고방식은 지금 시대에는 통하지 않음으로 현대에 맞는 가치관을 몸에 익혀야 한다.

시대의 흐름에 맞추어 세상 사람들이 인정하는 가치관에 따르고 그런 다음에 자신이 목표하는 바를 실천해 나가야 할 것이다.

현명한 사람은 옛 방법이나 사고방식이 아무리 마음에 들어도 현시대에 자신을 맞추고 유행 따라 옷을 입듯이 정신에도 현대에 맞는 옷을 입히지 않으면 안 된다는 사실을 안다.

발타자르 그라시안의 인생 강의
045

일상생활에 필요한 지식을 몸에 익혀라

일상생활에 필요한 지식을 몸에 익혀 두자. 단순히 생각만 하는 것이 아니라 실제 행동으로 익혀 둬야 한다.

현명한 사람들은 놀라울 만큼 박식하고 고상한 사색에만 빠져 있어서 일상생활에 필요한 지식에 대해서는 잘 알지 못해 속아 넘어가기 쉬운 법이며 세상 물정에 어둡다.

누구나 알고 있을 만한, 생활해 나가는 데에 꼭 필요한 지식이 없기 때문에 대중을 질려 버리게도 하고, 무지하다는 생각이 들게도 하는 것이다. 속아 넘어가거나 웃음거리가 되지 않을 만한 좀 더 실용적인 지식을 몸에 익히도록 해야 한다.

이런 일은 인생살이에서 그다지 중요한 일이 아닌지는 몰라도 생활해 나가는 데에는 없어서는 안 되는 것들이다. 오늘날에는 살아가는 처세를 알고 있는 사람이야말로 참다운 지식인이라고 말할 수 있다.

발타자르 그라시안의 인생 강의
046

악의로 가득 찬 남의 눈을 거울로 삼아라

칼을 쥘 때 칼날 쪽을 쥐면 흉기가 되지만, 칼자루 쪽을 쥐면 몸을 지키는 무기가 된다. 현명한 사람은 적에게도 은혜를 입는데, 그 은혜는 친구로부터 얻은 이익보다도 크다. 괴로움이라는 적의(敵意)를 가진 사람의 손으로 산을 무너뜨려 버리는 경우를 우리는 종종 볼 수 있다. 생각이 깊은 사람은 악의에 가득 찬 다른 사람의 눈길을 자신의 거울(본보기)로 삼는다. 호의의 눈길보다도 악의에 찬 눈길에서 진실한 모습이 나타나고, 바로 그 모습을 보고 자신의 약점을 없애고 결점을 고칠 수가 있다.

악의를 품고 있는 적과 함께 있으면 사람은 무슨 일에 있어서나 매우 조심하게 되는 법이다.

발타자르 그라시안의 인생 강의
047

성숙한 모습은 일상생활의 행동에 나타난다

인간의 가치는 도덕을 얼마나 중시하면서 살아가고 있느냐로 결정된다. 재능이 있는 사람이 성숙함까지 지니면 빛을 더하고 사람들로부터 존경을 받게 된다. 또한, 냉정한 행동은 그 정신을 한결 더 고귀해 보이게 한다.

어리석은 사람의 무감동과 침묵은 성숙함이 아니며 그것을 성숙함이라고 보는 그 자체가 어리석은 사람임을 입증한다. 온당하고 공손한 권위가 갖추어져 있어야 참다운 성숙이다.

성숙한 사람은 이야기하는 말속에 지혜가 넘쳐흐르고 무슨 일이든 잘 처리해 나간다. 성숙해질수록 참된 인간으로서 완성돼 가는 것이며 침착하고 공손한 태도가 나오게 되면 자연히 위엄도 갖추어지는 것이다.

발타자르 그라시안의 인생 강의
048

고상한 취미를 가져라

지성을 높일 수 있는 것처럼 취미도 세련되게 할 수 있다. 취미에 대한 이해가 깊어지면 다시 높이고 싶은 욕구가 생기고 나중에 그 욕구가 이루어지면 기쁨은 배가 된다.

상대방 재능의 정도를 예측하려면 그 사람이 무엇을 바라고 있는가를 알아보면 된다. 뛰어난 인물을 만족시키려면 가치가 높은 것이어야 하기 때문이다.

완전무결하다고 세상에 알려진 유능한 인물이라도 세련된 취미를 가진 사람 앞에서는 자신 없어 한다.

취미는 사람들과 사귀는 가운데 연마된다. 나날이 단련을 거듭해야 비로소 자신의 것으로 만들 수가 있다. 취미의 틀을 매우 뛰어난 인물과 교제하여 맞출 수 있다면 그야말로 큰 행운이다.

발타자르 그라시안의 인생 강의
049

여우 같은 간사한 지혜와 양 같은 순진함을 아울러 지니도록 하라

양같이 순진하기만 해서도 안 된다. 때에 따라 여우 같은 간사한 지혜를 갖거나, 또는 양 같은 선량함을 가지고 대처해 나가라.

거짓말을 할 줄 모르는 사람은 남의 말을 곧이곧대로 믿어버리고, 남을 속인 적이 없는 사람은 상대방을 쉽게 신용해 버린다. 남에게 속아 넘어가는 것이 반드시 어리석은 사람이라는 증거가 아니고 사람의 됨됨이가 선량해서 그럴 수도 있다.

이에, 궁지를 벗어날 줄 아는 지혜를 갖추고 있어야 할 뿐 아니라 위급하고 어려운 경우를 미리 알고 대처하는 조심성도 몸에 배어 있지 않으면 안 된다. 너무 선량하기만 해서는 곤란하다. 호감을 주는 호인은 남에게 속이려는 못된 마음을 일으키게 하기도 하고 상대방을 나쁜 사람으로 만들어 버리는 일도 많다.

여우 같은 간사한 지혜와 양 같은 순진함을 아울러 지니도록 하라. 악의(惡意)만 가득 찬 괴물이 되어서는 안 된다. 맑고 흐린 물을 모두 삼킬 수 있는 인간이 돼라.

발타자르 그라시안의 인생 강의
050

유리에서 나오는 광채는 깨지기 쉬운 단점을 가리기 위한 것이다

위장이란 그럴듯하게 보이기 위한 것으로 언제나 어리석은 자를 앞지른다. 진실이란 한 걸음 뒤처져 나타나기 때문에, 통찰력을 가진 사람만이 이를 유리하게 사용할 수 있다.

사물은 언제나 앞면과 뒷면이 다르다. 그 드러나는 모습에만 정신이 쏠리고 눈에 보이지 않는 내막을 꿰뚫어 보려고 하지 않는 사람은 이내 그 사물에 환멸을 느끼게 된다.

유난히 겉모습만 신경을 쓰는 사람은 곧 사람들의 뇌리에서 잊히지만, 내실이 충실한 사람은 평안한 마음으로 제 분수를 지키며 만족할 뿐 아니라 주위의 사람들로부터 존경을 받는다.

발타자르 그라시안의 인생 강의
051

지식이 풍부한 사람과 사귀어라

배움이 많은 사람과 사귀어라. 친구와의 교제는 지식을 탐구하는 또 하나의 학교가 된다. 지식이 풍부한 친구와의 대화를 통해서 세련된 교양을 몸에 익힐 수 있다.

배움이 많은 사람과는 대화를 나누면서 유익한 지식을 얻을 수 있으므로 가까이하는 것이 좋고 그가 남들과 나누는 대화에 귀를 기울이는 것만으로도 지식은 쌓이게 된다.

지식인과의 교류는 비록 이해관계에서 이루어졌다 하더라도 거기에는 기품이 감돈다. 사려 깊은 사람은 성공하여 명성을 얻은 품위 있는 인물의 집에 발이 닳도록 출입한다. 그곳은 허영이 소용돌이치는 저택이 아니며 그들 중에는 많은 사람으로부터 존경을 받는 학식과 풍부한 식견으로 이름을 떨친 인물도 있다.

그러한 사람들과 가까이 지내면서 본보기로 삼는다면 인생에서의 중요한 것이 무엇인지 깨달을 수 있다. 그들의 주변에는 지혜가 풍부하고 기품이 넘쳐흐르는 사람들이 항상 모이는 법이다.

발타자르 그라시안의 인생 강의
052

자기 자신을 알라

자기 자신의 성격, 지성, 판단력, 감정을 잘 이해해 두어라. 자기 자신을 알아 두지 않으면 몸과 마음도 내 마음대로 하지 못한다. 얼굴을 비춰보는 거울은 어디에나 있다. 그러나 정신을 비춰보는 거울은 단 한 곳, 마음으로 자신의 일을 깊이 생각할 수 있는 곳이다.

겉모습(외관)을 이제 걱정하지 않아도 된다면 내면적인 면을 높이고 갈고닦도록 노력해야 한다. 무슨 일인가를 시작하려고 할 때는 사려 분별과 통찰력이 잘못되지 않았는가를 확인하는 것이 현명하다.

또한, 거기에 도전할 수 있을 만한 힘이 자신에게 충분히 갖추어져 있는가 없는가를 판단하라. 자기 자신의 지식의 깊이를 측정하고 능력의 정도를 알아 두어야만 한다.

발타자르 그라시안의 인생 강의
053

정의를 존중하고 동요하지 말라

항상 이성이 가리키는 대로 행동하고 정의를 존중하라. 그러나 정의를 위하여 몸을 바치는 사람은 거의 없다. 설사 정의를 행동으로 실천하는 사람이 있어도 위험이 그의 신상에 아직 미치지 않았을 때의 일이다.

일단 위험이 그의 신변에 닥쳐오면 대부분의 사람은 정의를 외면하고 정치가는 약삭빠르게 정의의 깃발을 슬그머니 내리며 시치미를 뗀다. 정의는 때때로 우정, 권력, 자신의 이익까지도 두려움 없이 버릴 것을 요구한다.

빈틈없는 사람은 교활한 변명을 늘어놓으며 '보다 높고 뛰어난 일을 위하여'라던가 '안전과 평화를 위하여' 따위의 훌륭한 제목을 붙여 외치기 시작한다.

그러나 성실한 사람은 이와 같은 속임수를 용서할 수 없는 배반이라고 생각한다. 그가 다른 사람과 의견을 달리한다는 것은 그의 마음이 이미 정의를 내버렸기 때문이다.

발타자르 그라시안의 인생 강의
054

장래 희망을 남겨 놓아라

"더는 바랄 것이 없다."라는 말은 아주 행복하다는 말이지만, 달리 생각하면 앞으로 희망이 없다는 뜻으로 해석되며 그것은 아주 불행한 일이다.

우리 몸은 항상 호흡을 하고, 정신은 끊임없이 무엇인가를 추구하고 있다. 모든 것을 손안에 넣어 버린다면 무엇을 보아도 시들하고 어떤 일에나 불만을 느낄 뿐이다. 지식만 해도 앞으로 더 배워야 할 것이 남아있는 것이 바람직하고, 호기심을 채워 줄 일들이 필요한 것이다.

사람은 희망이 있기에 살아가는 것인데, 탐욕스럽게 모든 것을 손안에 넣어 행복을 누리고 있다면 그다음은 죽음만이 기다리고 있을 뿐이라고 말할 수 있다.

남의 공적에 보답하려고 할 때도 상대방을 완전히 만족시켜 주어서는 안 된다. 바라는 것(희망)이 없어졌을 때가 가장 두려운 법이기 때문이다.

발타자르 그라시안의 인생 강의
055

먹고사는 일에 지나치게 안달하지 말라

자기 자신에게 맞지 않은 일에 매여 일의 노예가 되기보다는 차라리 여가를 마음껏 즐기는 편이 낫다.

사람들이 '내 것'이라고 자신 있게 말할 수 있는 것은 '시간' 밖에 없다. 누구에게나 시간만은 공평하게 주어졌으며 인생이란 귀중한 것이다. 그 귀중한 인생의 시간을 기계적이고 변함없는 단순한 일에 허비하는 것과 자신의 능력으로 해낼 수 없는 일을 맡아 악전고투하며 낭비하는 것 역시 어리석고 바보 같은 짓이다.

일이 하나의 무거운 짐이 되어서는 안 되고, 그 때문에 고민해서는 더욱 안 된다. 그런 행동은 인생을 허비하는 셈이고 정신이 병들어 하루하루 살아가는 자체가 괴로워질 뿐이다.

사람들이 내 것이라고

자신 있게 말할 수 있는 것은 시간밖에 없다

누구에게나 시간만은 공평하게 주어졌으며

인생이란 귀중한 것이다

발타자르 그라시안의 인생 강의
056

너무 조급하게 서둘러서는 안 된다

행복 때문에 불행한 것이고, 공포감은 욕망이 없어진 때에 생겨난다. 행운이 다한 다음에도 아직 살아가야 할 삶이 남아있는 것이 보통이므로 너무 조급하게 서둘러서는 안 된다.

행복한 때를 충분히 만끽하지 않고 헛되이 세월을 보내다 행운이 사라진 다음에 뒤를 돌아보며 행복했던 시절로 되돌아가고 싶다고 해도 아무 소용이 없다.

어리석은 사람은 타고난 조급한 성질 탓에 무슨 일이든 허둥지둥 정신없이 서둘러서 해 버린다.

평생을 걸려도 완전히 다 소화할 수 없는 것을 하루 동안에 다 먹어 치우려고 하며 성공만을 좇아 지금 바로 해야 할 일이 아닌데도 손을 대고, 한 발짝이라도 먼저 앞질러 가려고 한다.

이렇듯 무슨 일이든 서두르기 때문에 금방 끝나 버리고 마는데 지식을 얻으려고 할 때도 그러한 태도는 바람직하지 않다. 좀 더 절도 있고 계획성 있게 하다 보면 더 정확한 지식을 몸에 익힐 수 있을 것이다.

인생을 살다 보면 운이 좋은 날보다 그렇지 않은 때가 훨씬 많다. 행동해야 할 때는 신속하게 행동하고 즐거워해야 할 때는 느긋하게 마음껏 즐기는 것이 좋다. 그렇게 하지 않으면 아무리 훌륭한 업적을 이루었다 하더라도 때가 지나간 다음이어서, 인생살이의 맛은 시시하고 재미없는 것이라는 생각이 들지도 모른다.

발타자르 그라시안의 인생 강의
057

항상 향기로운 말의 향기가 풍기도록 하라

맛있는 사탕을 빨아 먹으면 입안에 향기가 감도는 것처럼 비단결 같은 말은 사람의 마음을 꽉 잡는다. 반면, 화살이 몸을 뚫고 지나가듯이 좋지 않은 말은 사람의 마음을 찌른다.

언어는 공기와 같은 것이다. 사람의 마음을 사로잡는 기술이 뛰어난 사람은 상대방에게 상쾌한 공기를 제공 한다. 웬만한 것은 모두 말로써 살 수가 있고 말로써 사람을 궁지에서 벗어나게 할 수도 있다.

상대방이 우쭐거리며 흥분되어 있을 때나 들떠서 건성으로 이야기를 들을 때에도 말로 그 사람의 마음을 조정할 수가 있다. 책임자나 윗사람의 따뜻한 말 한마디는 특히 아랫사람의 마음을 움직일 힘이 크다.

입가에 항상 향기로운 말의 향기가 풍기도록 하라. 말에는 적(敵)도 좋아할 수 있는 멋있는 옷을 입히는 것이 좋다. 남에게 사랑을 받을 수 있는 한 가지 방법은 친절하고 부드럽게, 친숙하게 상대를 대하는 것이다.

발타자르 그라시안의 인생 강의
058

나쁜 짓을 하는 사람의 일에 말려들어 곤란해지지 말라

착한 일은 이 세상에서 찾아보기 어렵고, 은혜를 입고도 보답하려는 사람은 찾아보기 드물며, 깍듯이 예의를 차리는 사람들도 거의 없어졌다. 요즘 세상은 정직하게 사는 사람이 가장 손해를 보는 시대이고, 이러한 풍조는 전 세계에 널리 퍼져 있다.

누가 반역하지 않을까 염려스럽고, 다른 사람에게는 배반을, 또 어떤 사람에게는 기만을 당하지 않을까 걱정하지 않을 수 없는 세상이 되었다.

내 몸을 지키기 위해서는 사람들의 악랄한 행동에 유의하라. 자신이 나쁜 짓에 물들지 않더라도 남의 파멸적인 행동에 말려들어 곤란을 겪고 몸을 망치는 일도 있다.

고결한 사람은 언제 어떤 경우든 자기 본래의 모습을 잊어버리지 않는다. 세상의 악랄한 행동이 그에게는 경고가 되기 때문이다.

발타자르 그라시안의 인생 강의
059

인간의 덕성은 어느 시대이건 변하지 않는다

세상만사를 모두 현대에 맞추어서 살아나간다면 틀림이 없겠지만 단 한 가지 예외가 있다. 그것은 바로 인간의 덕성이다. 사람은 어느 시대건 도덕에 맞게 생활하지 않으면 안 된다. 진실을 말한다든가 약속을 지킨다는, 옛날부터 미덕으로 여겨 온 일도 오늘날에는 대부분이 시대에 뒤떨어졌다 생각되고 있다.

덕이 높은 사람은 어느 시대, 어느 곳에서나 사람들로부터 사랑을 받았으나 오늘날에도 없지는 않겠지만 있다손 치더라도 매우 드물고, 그들을 본받으려고 하는 사람도 찾아볼 수가 없다. 덕을 갖춘 사람들은 좀처럼 만나볼 수 없고, 악덕만이 판을 치고 있는 오늘날이니 얼마나 한심스러운 시대인가.

현명한 사람은 비록 자기 뜻에 맞지 않더라도 현재 상황 속에서 최선을 다하며 살아간다. 운명이라는 테두리에 에워싸여서 바라는 데로는 살아갈 수 없고 주어진 인생을 살아갈 수밖에 없는 그들이 그러한 인생살이를 기꺼이 받아들여 주기를 바랄 뿐이다.

발타자르 그라시안의 인생 강의
060

표적을 백 번 맞추기보다 한 번이라도 벗어나지 않게 하라

태양을 정면으로 쳐다볼 수 있는 사람은 없다. 그러나 일식 현상 때 달이 해와 지구 사이에 들어가 햇빛이 가려지면 태양을 마주 볼 수가 있다.

사람들은 많은 성공을 거두어도 별다른 관심을 나타내지 않지만 한 번이라도 실패하면 사람들의 주목을 받게 된다. 훌륭한 업적이나 선행보다도 실책이나 어리석은 짓을 하는 쪽에 대중의 시선이 모이고 세상의 화젯거리가 되기 쉬운 법이다.

사람은 무엇인가 대실수나 추태를 연출하였을 때 비로소 그 인물이 세상에 알려지게 되는 수가 많다. 수없이 성공을 거둔 사람도 단 한 번의 실수를 하면 세상 사람들의 눈을 피할 수 없다.

악의를 품은 사람은 남의 장점은 조금도 마음에 새겨 두지 않고 결점에만 눈을 돌리는 법이다.

발타자르 그라시안의 인생 강의
061

해야 할 일을 먼저 하고, 여가는 뒤로 돌려라

분별 있는 사람으로 인정받으려면 여가는 해야 할 일 뒤로 미루어야 한다. 우선 본분을 다하고 남은 시간을 여가로 돌려라.

어떤 사람은 오락으로 하루를 시작해서 정작 해야 할 일은 최후까지 미룬다. 또 어떤 사람은 싸움터에 나가기 전에 승리부터 꿈꾼다. 그리고 대부분의 사람은 쓸데없는 일에 열중하고 최고의 명예와 성공으로 이어지는 학문은 뒤로 미루다가, 인생의 황혼기에 들어서야 겨우 시작한다. 결국은 행복의 문턱에 들어서기도 전에 눈이 멀어 버리게 되는 것이다.

젊은 시절에는 지위를 별로 따지지 않지만, 성숙한 사람에게 지위는 위엄을 주거나 치욕을 안겨 줄 수도 있다.

PART 2

배려하는 인생을 위한 처방전

발타자르 그라시안의 인생 강의
062

남에게 사랑을 받고 싶으면 먼저 그를 사랑하라

사람들에게 칭찬받는 일은 참으로 좋은 일이지만 그보다 더 좋은 일은 타인에게 사랑 받는 것이다.

남에게 사랑받는 일은 행운의 여신이 내리는 은총 때문인 경우도 있지만, 그보다는 자신의 노력의 결과인 경우가 더 많다.

남보다 뛰어난 재능을 가지고 있다 해서 남의 호의를 계속 받는 건 아니므로 이를 유지하려면 노력이 필요하다.

호의는 내가 남에게 어떻게 베푸느냐에 달린 상대적인 일이다. 그러므로 남에게 항상 친절을 베풀어라. 한마디 말이라도 조심해서 하고, 평상시의 말과 행동은 더욱 조심하라.

남에게 사랑을 받고 싶거든 내가 먼저 남을 사랑하는 것이 가장 좋은 방법이다.

발타자르 그라시안의 인생 강의
063

소란을 가라앉히려면, 순리에 몸을 맡겨라

온 세상 사람들의 마음이 동요하고 있을 때는 가만히 지켜보고 있는 것이 좋다. 별의별 온갖 사람들과 더불어 살아가노라면, 감정이 엇갈리어 소동이 일어나게 마련이어서 그와 같은 폭풍우가 닥쳐오면 안전한 항구로 피난하여 파도가 잠잠해지기를 기다리는 것이 가장 좋은 방책이라 할 수 있다.

서툰 솜씨로 사태를 수습한다면, 선무당이 사람 죽이듯 도리어 커다란 재앙을 불러들이기 쉬운 법이다. 그때그때 형편이 되는 대로 맡겨두고 사람들의 마음이 차분해질 때를 기다리는 것이 좋다.

명의는 수술을 언제 하는 게 좋은가를 잘 터득하고 있다. 때에 따라서는 아무런 조치도 하지 않고 그대로 내버려 두는 편이 환자의 병에 차도가 있을 때도 있다. 더러워진 물을 원래의 깨끗한 물로 되돌리려면 그저 그대로 내버려 두는 편이 나은 것이다.

소동이 일어났을 때는 그 사정이 어떻든 간에 그대로 놓아두어 자연히 가라앉기를 기다리는 것이 가장 좋은 해결책이다.

발타자르 그라시안의 인생 강의
064

눈동자로 상대방의 마음을 읽어라! 눈은 마음의 창이다

손잡은 상대방의 마음과 의도를 간파하라. 원인을 알면 결과도 예측할 수 있다. 동기는 언젠가는 표면에 떠오른다. 상대방의 표정에 주의를 기울이며 눈동자의 움직임을 관찰하고 눈빛을 통해 상대방의 마음을 읽어라.

눈썹의 움직임, 입술의 움직임, 이야기하는 태도 등은 상대방의 의도를 전체적으로 드러내는 귀중한 자료이다. 물론 표정이 선량해 보인다고 마음속에 악의가 없다고 말할 수는 없다. 헤프게 웃는 사람은 어리석은 사람이고 굳은 표정을 지닌 사람은 선의를 무시하는 삐뚤어진 사람이다.

마음이 비비 꼬인 사람과는 상대하지 말라. 그들은 만나는 사람마다 발목에 그물을 치려는 버릇을 가지고 있다. 그리고 또 지나치게 수다를 떠는 사람의 말은 대개 사실과 거리가 멀다는 점을 지적하지 않을 수 없다. 그들은 이성보다는 감정적으로 사물을 판단하고 개인적인 감정과 기분에 따라 사실과는 거리가 먼 허황한 말을 늘어놓기 일쑤이다.

눈썹의 움직임, 입술의 움직임,
이야기하는 태도 등은 상대방의 의도를
전체적으로 드러내는 귀중한 자료이다

발타자르 그라시안의 인생 강의
065

상대방을 간파하는 능력은 이루 말할 수 없이 중요하다

면접을 보는 구직자는 예상되는 질문에 항상 대비하고 있어야 한다. 이는 선전포고 없는 임기응변과의 싸움이다. 이쪽의 발 빠른 대답을 상대방은 신중하게 고려한다. 구직자의 답을 들으려면 질문하는 방법밖에 없기 때문이다.

그 외의 방법이 사용되면 더욱 복잡한 판단력이 필요해진다. 사람의 됨됨이와 성질을 알아내는 일은 매우 중요하기도 하고 아주 미묘한 일이다. 금속은 소리를 내어 그 속성을 알아낼 수 있지만, 사람은 대화술을 통해 그 사람의 성질을 판단한다.

말은 마음의 거울로서 마음의 작용을 비추어 준다. 사람을 제대로 분석하려면, 날카로운 통찰력과 기민한 이해력, 그리고 정확한 판단력이 필요하다. 복잡한 전체상을 개개의 요소로 나누어 사람을 분석하는 일은 말할 수 없이 중요한 재능이다.

발타자르 그라시안의 인생 강의
066

대화 상대의 기분을 파악하고 분위기를 민감하게 느껴라

사람을 즐겁게 해 주고 마음의 상처를 주지 않으려면, 상대방의 기분을 파악하지 않으면 안 된다.

그 자리의 공기를 민감하게 느껴라. 어떤 사람을 칭찬함으로써 다른 사람의 기분을 잡치게 할 수도 있고, 비위를 맞추기 위해 한 말이 도리어 화를 자초할 수도 있다.

사람은 때때로 상대방에게 기쁨을 주기보다 불쾌감을 주는 일에 많은 시간과 노력을 허비한다. 상대방의 기분 변화를 따라잡지 못하면 의사소통이 잘 안 되고 대화의 방향이 상실되어 말문이 막히게 된다. 거기까지 가게 되면 아무리 상대방을 칭찬해도 통하지 않을뿐더러 기분을 돋우려고 아무리 열변을 토해내도 마음만 상하게 할 뿐이다.

발타자르 그라시안의 인생 강의
067

당신을 괴롭히는 상대에게는 일침을 가할 기회를 기다려라

자신이 원하는 상황이란 인위적으로 쉽게 오지 않는다. 하지만 당신을 괴롭히는 상대에게 일침을 가할 기회는 자연스럽게 오게 마련이므로 말의 화살 끝에 복수의 집념을 싣고 기다려라.

당신이 냉정함을 되찾아 사격에 자신감이 붙으면, 그 화살을 상대방의 양심을 향해 쏘아라.

상대가 가한 고통에서 해방되기 위해서는 자신에게 유리한 상황과 때를 고르는 것보다 더 나은 방법은 없다. 그때 상대방의 의표를 찔러 자신의 상처를 치유할 수 있다.

발타자르 그라시안의 인생 강의
068

불운(不運)은 대개 어리석은 행동의 결과로 오게 된다

불운만큼이나 감염되는 힘이 강한 것은 없다. 아무리 하찮고 사소한 문제일지라도 결코 재앙에 문을 열어 주어서는 안 된다. 그 배후에는 그보다 훨씬 많고, 더욱 큰 재앙이 도사리고 있기 때문이다.

승패의 요령은 어느 카드를 선택하면 되는가를 잘 확인하여 판별하는 데 있다. 승리한 상대가 쥐고 있는 카드가 약한 것일지라도 패배한 자신이 금방 뽑은 가장 강한 카드보다 더 승패를 판가름하는 결정적인 힘을 쥐고 있다.

어디로 갈까, 어느 쪽을 택할까 망설이게 되었을 때는 현명한 사람이나 사려 깊은 사람 옆으로 따라붙어야 한다. 그런 사람에게는 머지않아 뜻밖의 행운이 찾아오기 때문이다.

발타자르 그라시안의 인생 강의
069

상대방의 언행을 쉽게 믿지 말라

판단이란 가능한 한 많은 시간이 필요하다. 중요한 일일수록 더욱 그렇다. 무슨 일이든 경솔하게 다루면 안 된다. 미숙한 사람은 빨리 결정하고 성인은 자신의 신념에 대해서조차 신중하게 성찰한다.

쉽게 믿지 말고 쉽게 마음에 두지 말라. 남이 하는 말을 즉석에서 따르는 것은 분별없는 행동이다. 언행에는 허풍도 있고 거짓도 있는데 거짓이 행동으로 옮겨지면 더욱 해롭다.

그렇다고 해서 남의 성의를 무턱대고 의심해서는 안 된다. 상대방은 이를 무례하다고 느끼고, 치욕으로 느낄 수도 있기 때문이다.

일상생활에서 일어나는 지극히 평범한 일 가운데에도 실수하는 일이 잦은데 하물며 중요한 일은 더욱 주의 깊게 성찰한 것만을 믿어라.

발타자르 그라시안의 인생 강의
070

상대방의 마음을 사로잡으려면 세련된 몸가짐이 필요하다

몸짓과 화술이 뛰어난 사람은 품격이 높게 느껴진다. 이들은 사람들의 이목을 끌고, 어디를 가나 눈에 뜨이며, 순식간에 존경심을 불러 모은다.

세련된 몸가짐은 태도 구석구석에서 자연스럽게 우러나온다. 표정, 걸음걸이, 말씨, 행동 그리고 일하는 스타일까지도….

경쟁 상대의 마음을 사로잡는 것은 곧 위대한 승리이다.

특히 평범한 사람으로서는 흉내도 낼 수 없는 우아한 방법으로 뜻을 이루었을 때는 더욱 위대하다.

발타자르 그라시안의 인생 강의
071

싫어하는 사람을 상대하는 것도 하나의 지혜이다

주변 사람들의 인격적 결함에 익숙해져야 한다. 날마다 만나야 하는 보기 싫은 얼굴도 습관을 들여라. 직장에서 윗사람의 시중을 드는 사람은 이런 타협적 방법으로 하루하루를 이겨 나갈 수 있다.

시장에 가보면 인간과 함께 살 수 없는 짐승들이 우리 안에 갇혀 있다. 하지만 그 짐승들이 없다면 인간은 살 수 없다는 것을 인지하고 짐승과 대면해야 할 때는 자신의 감정을 억눌러라.

그들을 받아들이는 것도 한 가지 지혜이다. 처음에는 소름이 끼치겠지만, 점점 두려움이 사그라든다. 나아가서는 불쾌감에 대한 저항력이 생겨 싫어하는 상대방을 보아도 마치 그림을 보는 것과 같은 느낌을 받게 된다.

날마다 만나야 하는 보기 싫은 얼굴도 습관을 들여라
직장에서 윗사람의 시중을 드는 사람은 이런 타협적 방법으로
하루하루를 이겨 나갈 수 있다

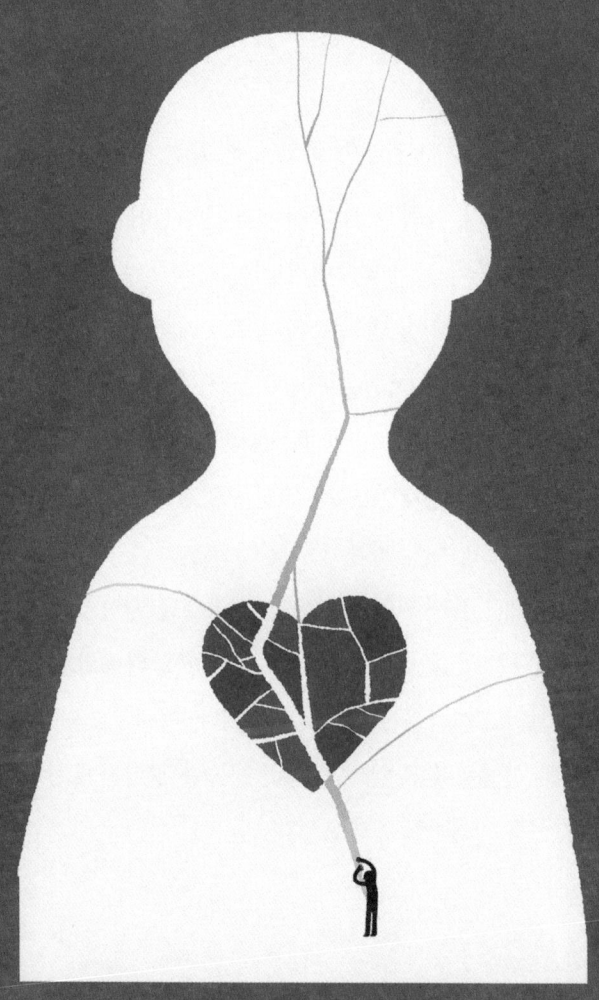

발타자르 그라시안의 인생 강의
072

상대방의 부실을 자신에 대한 경고로 받아들여라

세상은 혼란스럽다. 사람과 사람 사이의 존경심이 무너져 내리고, 진실한 우정은 발붙일 곳이 없으며 진리는 구석으로 밀려나고, 착실하게 일하는 사람은 대가를 받지 못하며, 오히려 건달 같은 자들이 득세하고 있다. 모든 나라의 국민은 사악한 술책에 빠져 헤어 나오질 못한다. 이 때문에 사람들은 누구에게나 불안감과 불신감을 느끼며 살아가고 있다. 현실이 그렇다면, 남의 부실을 탓하지 말고 이를 오히려 자신에 대한 경고로 받아들여라.

세상에 감추어진 진짜 위험은 최선이 아닌 것을 받아들이고, 남의 어리석음을 지나치게 덮어 주며, 무능을 허용하고, 타락한 자들과 한 패가 되어 자신의 고결함을 잃어버리는 것이다.

그러나 굳은 신념을 갖고 있으면, 남의 행동을 정확하게 판단할 수 있게 되고 자신을 잃어버릴 염려도 없다.

발타자르 그라시안의 인생 강의
073

상대를 밀어내려고 할수록 자신의 평판은 나빠진다

이판사판일 경우에 정당하게 싸우는 사람은 드물다. 평소에는 포근한 온정미가 넘치던 사람도 야심적인 경쟁 상대를 만나면, 갑자기 저돌적인 투지를 유감없이 발휘한다.

경쟁의식은 예절이 덮어 둔 상처를 들추어낸다. 그러나 상대방을 밀어내려고 온갖 수단을 쓰다 보면, 결국 자신의 평판에 심각한 상처를 주게 된다. 원래 경쟁의 목표는 상대방의 힘을 약화시키고 상대의 가치를 떨어뜨리는 방법을 찾는 것에 불과하다. 그러나 서로 이성을 잃고 싸우다 보면, 과거의 개인적인 약점을 들추게 되고, 끝내 먼지 같은 추문까지 파내려 한다. 이처럼 물불을 안 가리고, 승리하기 위해서는 무슨 수단이든 사용하려 할 것이다.

칼을 빼 들기 전에 다시 한번 깊이 생각해야 한다. 진정 평화를 사랑한다면 싸움터에 나가기 전에 그 결과까지 예상하지 않으면 안 된다.

발타자르 그라시안의 인생 강의
074

냉정함을 잃어서는 안 된다

냉정함을 지킬 수 있어야만 정신적으로 성숙한 참된 인간이라고 말할 수 있다. 동요하지 않고 줏대가 뚜렷한 사람은 감정에 사로잡히는 일이 없기 때문이다.

기쁨, 노여움, 슬픔, 즐거움 같은 감정의 진폭이 심하다는 것은 마음이 안정되어 있지 않기 때문이고, 격한 감정의 정도가 지나치면 판단을 그르치게 하는 병의 원인이 된다. 이러한 병세가 입에까지 미치게 되면 그 사람의 좋은 평까지도 위태롭게 된다.

어디까지나 감정을 억누르자. 그렇게 하면 어떠한 행운을 얻더라도, 어떠한 불행이 닥쳐오더라도 정신없이 허둥거리는 모습을 보이지 않음으로 비난하는 사람이 없다. 비난하기는커녕 당신의 초연한 모습에 찬사를 아끼지 않을 것이다.

발타자르 그라시안의 인생 강의
075

상대방의 결점을 정확히 간파하라

상대방이 엉큼한 속마음을 감추고 재치 있는 말솜씨와 공손한 태도로 대하더라도 정확한 눈으로 그의 속마음을 간파해야 한다. 속으로 나쁜 마음을 품고 황금의 왕관을 쓰고 있다 하더라도 금을 도금하기 이전의 본바탕인 쇠는 숨길 수 없는 법이다. 비열한 사람이 아무리 품위 있는 체해도 그 천하고 졸렬한 성질은 빤히 들여다보인다.

속이 검은 사람은 아무리 높은 지위에 올라갔다 해도 그 비열함이 없어지지 않는 것이다. 물론, 위인이라고 칭송되는 사람이라도 결점은 있다. 그가 위대한 사람으로 이름을 떨치게 된 것은 그 결점 때문이 아니다. 그러나 사람들은 그런 점을 알지 못하고 위대한 사람의 행동을 그대로 따라 하면 자신도 틀림없이 위대한 사람이 되리라고 잘못 판단해 그의 나쁜 점까지도 따라 하려고 한다.

위인에게는 그가 위인이기 때문에 예사로 넘기는 행동도 보통 사람이 그런 행동을 하면 결점으로 보여 아주 좋지 않은 평판을 받게 된다는 사실을 명심해야 한다.

발타자르 그라시안의 인생 강의
076

상대방을 잘 관찰하고 상대방에게 맞추어 나가라

상대방에게 맞추어라. 이것은 프로테우스(그리스 신화에 나오는 여러 가지 모습으로 둔갑할 수 있는 변장술과 예언력을 가진 바다의 신)의 지혜이다.

학자를 대할 땐 학자에 맞추어서, 성인을 대할 때는 성인에 맞추어서 처신하는 것이다. 이런 재치는 상대방의 마음을 사로잡는 좋은 방법이다.

누구든지 자기와 비슷한 사람에게는 호감이 가게 마련이다. 상대방을 잘 관찰하여 근엄한 사람이든 아니면 명랑한 사람이든 상황에 맞게 임기응변으로 자기 자신을 맞추는 것이다.

특히 다른 사람의 힘을 빌려야 할 사람은 더욱 그렇게 하지 않으면 안 된다.

발타자르 그라시안의 인생 강의
077

상대방을 실제 이상으로 너무 높이 평가하지 말라

상대방을 한입에 삼켜 버릴 만한 배짱을 가져라. 그러려면 상대를 보는 관점을 바꾸는 것이 좋다.

상대방을 실제 이상으로 높이 평가해 놓고 두려워할 필요는 없다. 마음에서부터 지고 들어가 허황된 상상의 날개를 너무 펴서는 안 된다.

서로 사귀지 않았을 때는 대단한 인물(거물)이라고 생각했던 사람도 이야기를 나누어 보면 뜻밖에도 별다른 데가 없어 실망하게 하는 경우도 많다.

높은 지위에 있는 사람도 나름의 위엄을 갖추고 있지만, 실제 겉모습만큼 뛰어난 자질을 갖추고 있는 사람은 좀처럼 찾아볼 수 없다. 운명의 신은 높은 지위를 획득한 사람에게 큰 재능까지 주지는 않는 모양이다.

발타자르 그라시안의 인생 강의
078

상대방을 돋보이게 해 주어라

공적이 있는 사람을 돋보이게 하는 것은 남을 부리는 비결 중 하나이다. 단순히 공적만 포상하는 것뿐 아니라 상대방을 보살피고 돋보이게 해 주어라. 그렇게 할 수 있는 이는 도량이 넓은 사람이라는 평을 얻는다.

또한, 뜸을 들이지 말고 곧바로 포상해 주어야 고마워하는 마음도 훨씬 커진다. 일에 대한 보수도 재빨리 해 주는 편이 좋다. 미리 보수를 건네주면 일에 대해 의무감이 생겨나고 그 의무감은 곧 감사하는 마음으로 바뀌는 것이다.

빌린 돈을 갚을 때도 뜸을 들이지 말고 재빨리 갚아버리면 빌려준 쪽도 더욱 고맙게 여긴다. 다만 이 방법은 제대로 교육을 받은 사람이 아니면 효과가 없다. 품성이 좋지 않은 사람에게 보수를 먼저 건네주면 더욱 열심히 일할 생각을 하기는커녕 잘됐다 생각하고 게을러질 것이다.

발타자르 그라시안의 인생 강의
079

상대방의 겉만 보고 속아 넘어가지 말라

상대방의 겉만 보고 속아 넘어간다는 것은, 속임수에 잘 넘어가는 사람 중에서도 가장 어리석은 부류에 속한다.

우리가 물건을 살 때도 상품 그 자체에 속기보다는 가격에 속는 편이 훨씬 많다. 모양에만 눈이 팔려 아무 쓸모 없는 물건을 샀다고 후회해 보아야 아무 소용이 없다. 좋은 물건은 비싼 값을 부른다는 사실을 알고 있다면 속았다고 푸념하는 일은 줄어든다.

상대방이 어떤 인간인가를 알고 싶으면 무엇보다도 주의 깊고 세심한 관찰이 필요하다. 물건을 구분하는 것과 사람의 본성을 꿰뚫어 보는 것은 전혀 별개의 문제로 상대방의 기질을 알고 정체를 알아채는 데에는 물건을 사는 것보다 더 뛰어난 능력이 있지 않으면 안 된다. 책을 많이 읽어 지식을 쌓는 일뿐만 아니라 인간성에 관해서도 연구를 해야 한다.

발타자르 그라시안의 인생 강의
080

속셈을 상대방에게 들키지 말라

일하는 방법이나 방식을 끊임없이 바꾸어 나가라. 그러면 주위의 사람, 특히 라이벌은 그에 완전히 속아 넘어가 호기심을 가지며 공경하는 마음마저 갖게 된다.

언제나 본심대로 솔직하게 행동하면 남에게 속아서 기선을 빼앗기고 따돌림을 당하고 만다. 곧게만 날아가는 새는 총에 맞아떨어지기 쉬우나 이리저리 방향을 바꿔 날아다니는 새는 총에 잘 맞지 않는 법이다. 그렇다고 해서 매번 본심을 숨기고 행동하는 것도 좋지 않다. 똑같은 행동을 두 번 하게 되면 속마음은 그대로 드러나 버린다.

악의(惡意)는 기회만 있으면 덮치려고 만반의 준비를 하고 호시탐탐 기다리고 있다. 그런 만큼 속셈을 감추는 데에는 좀 더 교묘한 방법을 쓰지 않으면 안 된다. 기회의 명수는 대국자(對局者)가 읽고 있는 수를 몇 수 앞서 보는 법이다. 적의 의도대로 말을 몰아가면 안 된다는 것은 두말할 필요도 없다.

발타자르 그라시안의 인생 강의
081

상대가 좋아하는 것에 관심을 가져라

상대를 좋게 하려고 온갖 노력을 하고도 결국은 미움을 받는 사람이 있는데 이는 상대방의 성격을 알지 못한 탓이다. 상대방이 무엇을 좋아하는지를 잘 알지 못하면 즐거움을 주려는 생각으로 한 일이 반대로 고통을 주는 일이 된다.

똑같은 말을 해도 기쁘게 생각하는 사람이 있는가 하면 모욕으로 받아들이는 사람도 있고 대접할 생각으로 온갖 정성을 다했지만, 상대방의 기분을 훼손하는 일도 있는 법이다.

이렇듯 상대방이 좋아하는 것을 잘 알지 못하면 온갖 친절을 베풀어 주어도 오히려 지겹고 귀찮게 여기게 된다. 무엇을 좋아하는지 알고 있으면 아주 간단하게 기쁘게 해줄 수가 있는데 말이다.

상대방을 기쁘게 해 주려는 좋은 목적에도 상대가 바라는 것과 전혀 다른 행동을 하게 되면 감사할 리도 없고 귀한 선물도 아무 소용이 없는 것이다.

발타자르 그라시안의 인생 강의
082

상대에게 맞추어 바보스러운 당나귀의 탈을 뒤집어써라

아무것도 모르는 체해 보이는 것이 최고의 지혜가 되는 경우도 있다. 무지(무식)한 편이 좋다는 이야기가 아니라 무지한 체하는 것이 중요하다는 뜻이다.

바보(어리석은 사람)에게 지혜 따위는 아무런 도움이 되지 않으며 괴짜나 고집쟁이는 착실한 사람이 하는 이야기를 아예 들으려고 하지 않는 법이다. 그러므로 어떤 경우라도 상대방에 맞추어 거기에 걸맞은 이야기를 하면 된다.

어리석은 사람(바보)에게는 어리석은(바보스러운) 이야기를 해 주면 그만이다. 어리석음을 가장할 줄 아는 사람은 진정으로 어리석은 사람이 아니다. 참으로 어리석은 사람에게는 그런 지혜가 없다.

남에게 칭찬을 받고 싶다면 어리석은 당나귀의 탈을 뒤집어쓰는 것이 최고이다.

발타자르 그라시안의 인생 강의
083

'노'라고 말하는 것도 중요한 일이다

누구의 말이든, 무슨 말이든 모두 받아들일 수는 없다. '노'라고 말하는 것도 부탁을 승낙하는 일 못지않게 중요한 일이며, 특히 상대방이 윗사람이라면 더욱 그렇다.

문제가 되는 것은 그 말하는 태도와 방식이다. 때에 따라선 '노'라고 하는 것이 다른 사람의 '예스'보다도 고맙게 여겨질 수도 있다. 상냥하고 예의 바른 '노'가 퉁명스럽고 무뚝뚝한 '예스'보다도 상대방의 귀에 기분 좋게 들리는 것이다.

언제나 무엇이나 '노'라고만 하여 상대방의 호감을 잃은 사람이 많다. 그 사람만 보면 '노'라는 말이 먼저 머리에 떠오른다. 이러한 사람은 나중에 부탁하는 말을 들어 준다고 해도 처음에 불쾌하기 짝이 없는 기분을 맛보았기 때문에 상대방은 좋은 인상을 받을 수가 없다.

상대방의 청탁을 한 마디로 딱 잘라 거절해서는 안 된다. 실망의 씨앗을 조금씩 조금씩 알 수 있게 하는 것이 좋다. 결코, 하나에서 열까지 완전히 거절해서는 안 된다. 그렇게 하면 누구나 "앞으로는 절대로 부탁하지 않겠다."라고 생각할 것이다.

항상 한 가닥의 실낱같은 희망은 남겨 놓고 거절의 쓴 잔을 좋게 마시도록 해야 한다. 호의를 보여 주지 못한 부분은 예의 바른 행동과 말씨로 메우면 된다.

'노'나 '예스'나 짧고 간단하지만, 그 말을 입 밖에 낼 때는 깊이 잘 생각해서 쓰지 않으면 안 된다.

발타자르 그라시안의 인생 강의
084

상대방의 진가를 인정하라

누구에게나 남보다 뛰어난 점이 한 가지씩은 있게 마련이다. 상대방이 가진 장점을 얼른 파악하면 사람을 대할 때 크게 도움이 된다. 현명한 사람은 상대방이 누가 되었든 간에 공경하는 마음을 가지고 대한다. 그러면 누구나가 가진 좋은 점을 발견할 수 있을 뿐만 아니라 그걸 빨리 알아내어 어떤 일을 실수 없이 이루어내는 데 큰 도움이 된다는 사실을 터득하고 있다.

어리석은 사람은 상대방이 누구든 간에 그를 경멸한다. 그것은 무지한 탓이기도 하고, 남의 결점을 발견하고 기뻐하는 천박한 성격이기 때문이다.

발타자르 그라시안의 인생 강의
085

화술에 능한 사람은 상대의 의향을 살피면서 말한다

보통 친구들 간의 대화는 일상복을 입었을 때처럼 편한 마음으로 나눈다. 그러나 남에게서 존경심을 불러일으켜야 할 때는 말에도 밝은 옷을 입혀서 고상한 인상을 주어야 한다.

화술은 그 사람의 감정서이며, 사업 관계에서 이만큼 신경을 써야 할 부분도 없다. 화술의 내용을 정리한 서류의 글자 하나하나에도 세심한 주의를 기울여야 하는데, 매 순간 지성을 시험당하는 부담스러운 대화야말로 더욱 큰 배려가 필요하다.

화술에 능한 사람은 상대의 의향을 잘 살피고 신중한 말을 고르며 대화를 자연스럽게 이끌어 나가 상대방의 마음에 들게 한다.

가장 주의해야 할 점은 상대방의 말을 시정하는 것으로, 잘못하면 성질이 비뚤어진 사람으로 오해를 받는다. 또한, 도리에 어긋나는 말을 하면 무슨 말을 해도 의심을 사게 된다.

웅변을 늘어놓기보다는 해야 할 말만 정확히 하는 것이 좋다. 말이란 마치 활을 쏘는 것과 같은 것이기 때문이다.

PART 3

희망 있는 인생을 위한 처방전

발타자르 그라시안의 인생 강의
086

어려운 일이 의외로 쉽게 풀릴 수 있다

쉬운 일을 할 때는 정신이 산만해지기 쉽고, 어려운 일을 할 때는 마음이 약해져서 지레 겁을 먹기 쉬워 이로 인해 실패를 자초하는 일이 종종 생겨난다.

일이란 무턱대고 달려들면 곳곳에 은폐된 함정에 빠질 수도 있지만, 신중하게 대처하면 때때로 불가능하게 보이던 일도 성취해 낼 수 있다. 그러므로 일단 계획이 수립되면 꼼꼼하게 검토해야 한다.

어려운 일에 매달려 괴로워하면 안 된다. 일에 대한 지나친 기우는 불안과 두려움을 가져다줄 수 있다. 두려움은 성공의 적이다. 두려움은 큰 걸림돌이 되어 자신감이나 주도성을 뒤흔들기 때문이다.

발타자르 그라시안의 인생 강의
087

위험성을 피하려면 최악의 사태를 항상 대비해 두어야 한다

인생은 올바른 길로 가기 위해 탐조등 역할을 하는 사고 과정의 연속이다. 성공과 자유를 보장하는 것은 반성과 예측이다.

미래를 투시하는 사람은 그리 많지 않다. 현명한 경계 조치는 운명적으로 다가오는 최악의 사태를 예상하고 이를 충분히 대비해 두는 것이다.

마음가짐만 단단히 하고 있으면, 예상치 못한 일은 일어나지 않는다. 어리석은 사람은 행동이 앞서고 나중에서야 이것을 생각하지만, 이것은 행동의 결과보다는 행동 그 자체에 대한 변명에 급급할 수밖에 없게 된다.

발타자르 그라시안의 인생 강의
088

일에 따라서 필요한 것도 달라진다

일(사업)이 바뀌면 필요한 것도 다르다. 그 일에 무엇이 필요한가를 잘 파악해야 하는데 그 다른 점을 알려면 지식과 통찰력이 필요하다.

어떤 일은 용기가 필요하고 또 다른 일에서는 남다른 치밀성이 요구되기도 한다. 가장 간단한 일은 자신이 직접 해낼 수 있는 일이고 가장 어려운 일은 뛰어난 기술이 없으면 할 수 없는 일이다. 전자는 튼튼한 몸을 타고난 것으로 충분하지만, 후자는 모든 면에서 집중력과 탐구력이 필요하다.

남보다 높은 자리에 앉아 아랫사람들을 거느리고 부리는 일도 매우 어려운 일인데 상대가 머리가 나쁜 사람들뿐일 때에는 더욱 큰일이다. 머리가 텅 빈 사람들을 자신이 생각한 대로 움직여 나가도록 하려면 보통 두 배 이상의 지혜를 짜내지 않으면 안 된다.

무엇보다도 가장 견딜 수 없는 일은 한 사람이 같이 꼭 들러붙어서 온종일 똑같은 일을 되풀이하면서 작업을 지시하지 않으면 마무리가 되지 않는 일이다.

발타자르 그라시안의 인생 강의
089

어리석은 사람의 언행에는 눈을 감아 버려라

총명한 사람일수록 남을 대하는 눈이 엄격해진다. 지식이 늘어남에 따라 인내심을 잃어 가기 때문이다. 학식이 높은 사람의 안경에 꼭 들어맞는 사람이 그렇게 많이 있겠는가.

그리스의 철학자 에픽테토스(실천 본위의 철학을 설파하였다)는 이렇게 말했다.

"살아가는데 가장 중요한 것은 무슨 일에나 참는 일이다. 이런 이치를 안다면 생의 지혜 절반을 손안에 넣는 셈이 된다." 라고.

어리석은 사람의 행동에 눈을 감고 지내려면 굳은 의지와 많은 참을성이 필요하다. 특히 꼭 신세를 져야만 하는 사람이 어리석어서 몹시 고민하게 되는 때도 있을 것이다.

그러나 그러할 때야말로 인내심을 기를 수 있는 절호의 기회이다. 인내심은 사람에게 다시없는 평온함을 가져다주고, 그 평온함은 인생의 더 없는 행복이다.

발타자르 그라시안의 인생 강의
090

수면은 침묵의 동반자이다. 문제가 있으면 내일 생각하라

일이든 사생활이든 처리하기가 어려운 사태에 이르렀을 때는 곰곰이 신중하게 생각할 필요가 있다. 그러나 머리를 쉬게 하는 베개는 말하지 않는(입이 없는) 예언자가 될 수도 있다는 사실을 잊어서는 안 된다.

궁지에 몰려서 미처 생각이 나지 않을 때는 몸을 이리저리 뒤척이며 골똘히 생각만 하고 있기보다는 푹 잠을 자는 것이 좋다. 잠을 자고 나면 좋은 생각이 떠오르는 때도 많다.

생각하는 것은 뒤로 미루고 곧바로 행동하려는 사람이 있다. 일의 결과에 대해서는 책임지려고 하지 않고 변명거리만 찾고 있는 무리들이 흔히 그런 행동을 한다.

궁지에 몰려서 미처 생각이 나지 않을 때는
몸을 이리저리 뒤척이며 골똘히 생각만 하고 있기보다는
푹 잠을 자는 것이 좋다

발타자르 그라시안의 인생 강의
091

누구도 항상 현명할 수는 없다

노력을 안 해도 매사가 순조롭게 풀리는 시기가 있는 반면에 아무리 노력을 해도 매사가 꼬이기만 하는 시기가 있다.

운이 따를 때는 기력이 왕성하고 머리도 잘 돌아가 만지는 것마다 황금으로 변한다. 이럴 때는 적극적으로 나서야 하고 조그마한 기회도 놓쳐서는 안 된다. 그러나 운이 다했을 때는 이를 냉철하게 직시해야만 한다.

누구도 항상 현명하게 처신할 수는 없다. 이따금 불운이 덮쳐 사고력이 떨어질 때도 있게 마련이다. 무슨 일이든지 잘 안될 때는 아무리 사태를 역전시키려 해도 잘되지 않는다. 이럴 때 억지로 중요한 결정을 내린다든지 하는 도박을 감행하지 말고 한 발 뒤로 물러서서 마음을 가다듬고 다시금 힘을 모아 새롭게 출발해야 한다.

다만, 조금 운이 나쁘다고 해서 전혀 운이 없다고 생각하는 것은 현명하지 않다. 반대로 운이 좀 있다고 해서 운이 잇따라 온다고 속단해서도 안 된다.

발타자르 그라시안의 인생 강의
092

자신의 말은 결국 자신에게 되돌아온다

적을 대할 때는 절도를 지키기 위해서라도 말을 삼가라. 예리한 칼날과 같은 말이 만든 상처는 의사도 못 고친다. 말은 얼마든지 엿가락처럼 늘릴 수 있지만, 한번 뱉어낸 말을 다시 회수할 순 없다.

성서에도 쓰여 있듯이 말수가 적으면 적을수록 감당해야 할 결과도 적어진다. 자신이 한 말은 결국 자신에게 되돌아온다는 점을 명심하라.

아무리 말을 많이 해도 손해될 것이 없다고 생각하는 사람들이 있다. 그런 사람들은 상대방으로부터 벌금을 요구받고 나서야 자신의 잘못된 생각을 깨닫는다.

통찰력이 뛰어난 사람은 부드러운 말과 예리한 논리를 적절히 사용할 줄 안다. 말과 돌멩이는 한번 던지면 돌이킬 수 없기 때문이다.

발타자르 그라시안의 인생 강의
093

현명한 사람일수록 자신의 무지를 태연하게 드러내 보인다

자신만이 식자라는 생각은 어리석음에 지나지 않는다. 이는 마치 장미에 가시가 있는 줄도 모르고 장미밭에 들어가는 사람과 같고 우물 안 개구리처럼 하늘이 푸르고 둥글다는 사실만 아는 사람과 같다.

이들은 자신이 많은 사람들 가운데 단지 한 사람일 뿐이라는 사실을 망각하고 자신 이외의 사람들을 경시하기 때문에, 시야가 좁은 무지몽매(無知蒙昧)한 사람이 되어 버린다.

현명한 사람은 현재 자신의 모습에 만족하지 않고 겸손한 태도를 보여야 모든 사람으로부터 인정을 받고 존경받게 된다.

어리석은 자들의 세계에서는 아무리 현명한 사람일지라도 자신의 완전성을 태연히 부정해야만 자신의 모습을 제대로 보여 줄 수 있다.

발타자르 그라시안의 인생 강의
094

과격한 수단을 호소하는 자에게는 어리석은 사람만이 말려든다

때로는 평범한 사람이 평범한 역할을 하지 않으려고 과격한 행동으로 치닫는 경우가 있다. 그러나 제아무리 노력해도 경박하게 보일 수밖에 없다. 그들의 겉모습이나 속마음은 한결같이 남에게 특별하게 보이려고 애쓰고 있기 때문이다. 이를 아는 사람들에게는 웃음거리밖에 되지 않는다.

진심에서 벗어난 행동은 어리석은 행동과 다름없다. 더구나 성과를 최고의 미덕으로 삼고, 개개인의 돌출적인 행동을 금기시하는 비즈니스의 세계에서는 눈에 띄는 행동이 처음에는 신선하게 보이고 인기를 독차지할지 모르나, 언젠가는 그 동기를 의심받고 멸시를 당하기 쉽다.

남에게 돋보이는 일을 할 수 없다 보니 무리하게 성공하고 싶은 욕심에 빠져 역설적인 방법으로 덤벼드는 것이다.

발타자르 그라시안의 인생 강의
095

중요한 일을 할 때는 냉정함을 잃지 않은 사람과 손을 잡아라

머리와 마음은 자주 충돌하는 법이다. 감정에 충실하게 행동하면 모든 것이 광기로 흐르기 쉽다. 그리고 감정이란 언제나 이성을 짓밟아 버리는 경향이 있어 감정을 억제하지 못한다면 자신을 이러한 광기에서 구할 수 없다.

중대한 일을 착수할 때에는 이성적이고 냉철한 사람과 손을 잡아야 한다. 한발 물러서서 판단할 수 있는 사람은 극장의 관객처럼 무대를 잘 볼 수 있다. 무대 위에서 연기하는 사람은 극도의 흥분 상태에서 연기하므로 냉정해지기 어렵다.

감정이 고조되어 있다고 느끼면 즉시 이를 진정시키는 데 심혈을 기울여라. 일단 두뇌로 피가 올라오면 논리적이고 명석한 사고력이 현저히 떨어져 인생을 좌우할 만큼 커다란 타격을 받고 그 순간 모든 것을 잃을 수 있다.

발타자르 그라시안의 인생 강의
096

기분 나쁜 일을 당해도 쉽게 잊을 수 있는 훈련을 쌓아라

기억이라는 것은 전적으로 그것에 의존하려 할 때, 원수로 돌변해서 주인을 버린다.

사람은 잊어버리는 기술도 배워 두지 않으면 안 된다. 물론 기억이란 능력과 기술이기에 앞서 운명적으로 타고난다. 하지만 기억은 불쾌하거나 가슴 아픈 일에 대해서는 후하나, 기쁘고 즐거웠던 일에 대해서는 인색하다. 불쾌한 일은 자연히 잊히는 때도 있지만, 아무리 잊으려고 애써도 뇌리에서 지워지지 않는 때도 있다.

역경에 처해 있으면 대뇌의 방이 크게 열린다. 마치 비탄에 지친 두뇌가 다른 모든 고뇌를 끌어안고 병적인 쾌감을 즐기는 희생 제물이 된 것처럼….

기억력을 자유자재로 훈련시켜라. 물론 쉽지 않은 일이지만 기억의 힘은 사람을 천국으로도, 지옥으로도 끌고 갈 수 있다.

발타자르 그라시안의 인생 강의
097

말은 지혜롭게, 행동은 고결하게 하여라

말과 행동이 꼭 들어맞아야(언행일치가 되어야) 참된 인간이 된다. 도리(이치)에 맞는 이야기를 하고 존경받는 행동을 해라.

지혜로운 말은 두뇌의 명석함을, 바른 행동은 마음의 고결함을 나타내는 것이고, 이 두 가지가 결국 참된 인간임을 입증하게 된다.

입으로 말하기는 쉽지만 실제로 행동하기는 어려운 법이다.

행동이 인생의 실질적인 내용이고 지혜로운 말은 인생을 장식하는 액세서리이다. 훌륭한 행동은 영원히 사람들의 기억에 남지만 말만 훌륭한 사람은 곧 잊히고 말 것이다.

훌륭한 행동은 곰곰이 생각을 거듭한 끝에 나온다. 말은 지혜롭게, 행동은 고결하게 하기 바란다.

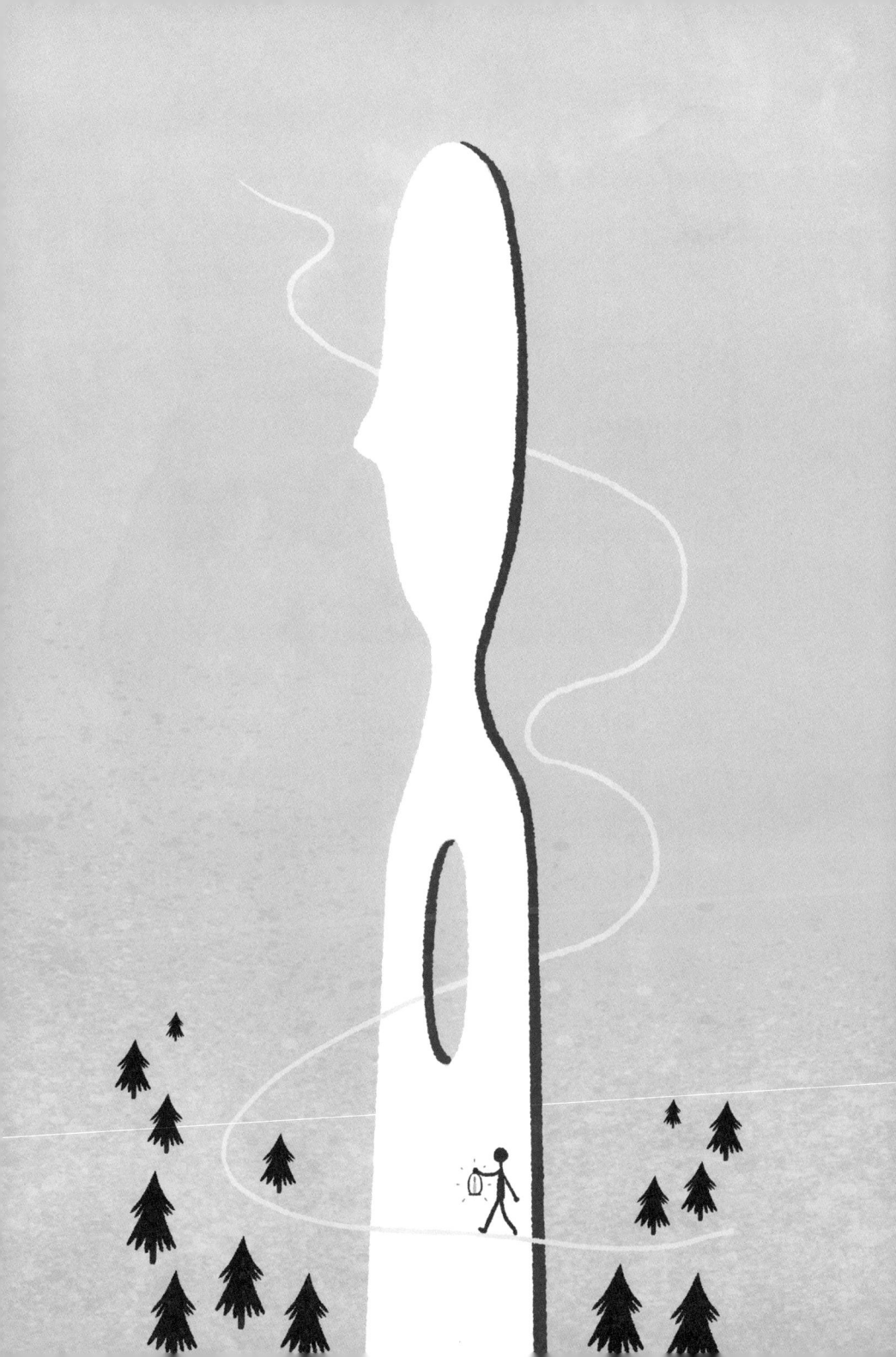

발타자르 그라시안의 인생 강의
098

위대한 사람의 기준은 미덕으로 측정된다

높은 도덕심, 정의감, 선량함은 미덕이 연주하는 아름다운 협주곡이다. 미덕은 모든 탁월한 것들의 증거이고 인생의 모든 만족감의 핵심이기도 하다.

미덕을 갖춘 사람은 분별력, 이해심이 깊으며, 현명해지고, 용기가 있으며, 연민의 정도 많으며, 언제나 즐겁고 정직하며, 통찰력도 뛰어나다. 미덕은 천박한 이 세상을 밝게 비추어 주는 태양이며, 양심의 하늘이다. 그것은 너무나 아름다운 것이기 때문에 신이나 인간 모두에게 호감을 산다. 미덕이 없다면, 세상에 매력 있는 것이란 아무것도 없다. 이는 지혜의 본질이며, 그 이외의 모든 것은 허접쓰레기에 지나지 않는다.

위대함은 미덕에 의해 측정되는 것이지 재력에 의해 저울질 되는 것이 아니다. 미덕만이 사람들에게 사랑받을 수 있는 인생을 창조해 준다. 또한, 세상을 떠난 후에도 사람들의 기억에 남을 만한 인물을 창조해 낼 수 있다.

발타자르 그라시안의 인생 강의
099

한 번의 기회에 모든 것을 걸어서는 안 된다

주사위를 한 번 던지는 데 자기의 명성을 모두 걸어서는 안 된다. 나쁜 패가 나오게 된다면 다시는 되돌릴 수 없는 큰 손실을 감수해야 한다. 누구라도 한 번의 실수는 있게 마련이다. 특히 맨 첫 번째는 더 그렇다. 머리와 몸의 균형이 언제나 잘 맞는다고 볼 수 없고 생각했던 대로 들어맞는 날이 계속되리라는 보장도 없으므로 반드시 두 번째의 기회를 잡도록 하는 편이 좋다.

그렇게 하면 처음에는 실패했어도 그것을 만회할 기회가 주어질 것이다. 만약 첫 번째에 잘 맞추었다면 두 번째는 하지 않아도 된다.

무슨 일이든 하든 방법을 바꾸어서 다시 시험해 볼 기회를 준비해 둘 일이다.

성공하느냐 성공 못 하느냐는 주위의 여러 가지 상황에 좌우되는 것이지 행운에 따라 성공이 오는 경우는 극히 드문 일이다.

발타자르 그라시안의 인생 강의
100

모든 결정 사항에 대해서는 다시 한번 음미하라

거래할 때, 재고해 본다고 이야기 하는 것은 시간도 벌고 상황도 떠볼 수 있다는 점에서 안전핀의 역할을 한다. 아무리 재어도 이쪽 생각과 영 일치하지 않을 때에는 최초의 판단을 유보할 것인지 아니면 계속 추진할 것인지 다시 한번 음미해 보아야 한다.

시간을 벌어들임으로써 결정에 도움이 될 만한 새로운 소재가 등장할 수도 있기 때문이다. 그뿐만이 아니다. 잘 생각해서 고른 물건은 무심코 고른 것보다 소중해진다. 또 상대방의 제의를 거절하지 않으면 안 될 때도 시간을 벌면, 능숙한 거절 방법이 생각날 수도 있다.

시간을 두고 다시 차분히 재고할 기회를 얻음으로써 상황을 더욱 잘 파악할 수 있게 되며 심지어 뜻하지 않는 행운이 굴러들어 올 수도 있다. 재고한다는 것은 결코 플러스가 되면 되었지 마이너스는 되지 않는다.

발타자르 그라시안의 인생 강의
101

자제하는 훈련을 쌓자

지식이 풍부하면 겉치레만으로는 만족할 수 없듯이, 지혜가 몸에 배면 밸수록 마음고생도 많아진다. 사람이란 본래 믿을 만한 상대일수록 쉽게 성미를 드러낸다.

그러나 거기에서 감정을 억제하지 못하면 어리석은 자와 똑같은 어리석음을 범한다. 마음대로 되지 않는다고 해서 자세를 흐트러뜨리면 스스로 어리석은 자임을 내보이는 것이다.

격정에 휘말려 있을 때 빠져나오는 방법을 익혀 두면, 불운이 닥쳐도 침착하게 대처할 수 있다. 부단히 자제하는 훈련을 쌓음으로써 자기통제를 배우는 것이다.

남에게 곧잘 화를 내는 사람은 자신과 마주 앉아 어디까지 자신을 이겨낼 수 있는지 성찰해 볼 필요가 있다.

발타자르 그라시안의 인생 강의
102

조그만 불행은 큰 불행을 불러들이는 불씨가 된다

앞길을 방해하는 문제는 아무리 사소해도 경솔하게 다루면 안 된다. 나쁜 일은 하나로 끝나지 않고 줄줄이 이어져 나오기 때문이다. 우선 행운과 불행의 씨앗을 잘 살펴야 한다. 양자를 잘 분별하는 것이 중요하다.

불행에 빠진 사람을 멀리하고 행운을 맞은 사람과 손을 잡으려는 것이 세상 사람들의 인심이고 습성이다. 불운한 사람은 자신도, 이성도, 자신의 별자리도 모두 잃어버린다.

불운이 잠을 잘 때는 괜히 화를 자초하지 않도록 그대로 놓아두어야 한다. 조그만 실패는 가벼운 상처로 끝날 수 있지만, 그것이 원인이 되어 사태가 급전하면 더 큰 치명상을 입을 수도 있다. 사태가 어디까지 발전할지는 아무도 모른다.

발타자르 그라시안의 인생 강의
103

파행적인 인간관계는 빨리 끝내라

친구든 적이든 파행적인 인간관계는 맺지 말아야 한다. 자신의 평판에 흠집을 내고 새로운 인간관계도 맺기 어려워진다. 때에 따라서는 적과의 관계조차 소홀히 하지 말아야 한다.

남에게 행복을 가져다주기는 어렵지만, 해악을 끼치는 일이라면 누구라도 쉽게 할 수 있다. 때때로 우정이라 할지라도, 처음에는 생각이 얕고 종국에 가서는 인내심이 사라진다. 또한, 그사이에도 상식을 바로 구별치 못하는 경우도 있다.

이런 미비점들이 노여움의 불씨가 되어, 상대가 고대하던 절호의 기회가 오면 당신을 향하여 화포의 불을 댕기는 것이다. 겉치레뿐인 교제는 친구를 타협할 수 없는 최악의 적으로 만든다. 불가피하게 결별의 기회가 왔을 때는 무엇이든 구실을 찾아라.

분노가 폭발되어 파탄에 이르지 않고, 우정이 자연스럽게 식어 서로 헤어질 수 있도록 하라. 이것이 앙금을 남기지 않는 결별 방법이다.

발타자르 그라시안의 인생 강의
104

감정 폭발은 곧 이성의 결함이다

심한 노여움이 생길 때 언제, 어떤 방법으로 진정시켜야 할지를 알고 있어야 한다. 홧김에 터져 나온 말 한마디가 지옥의 불덩어리로 변해 버릴 수도 있다.

극단적인 대립으로 감정이 격심하게 분출할 때에는 미리 마음가짐을 단단히 해 두어야 한다. 우선 처음에 자신이 냉정함을 잃었다는 점을 솔직히 시인할 필요가 있다. 그렇게 함으로써 상황에 의식적인 감정 억제 요소가 개입된다.

격분을 몰아내고 냉정함을 되찾을 수 있도록 부단히 노력하자. 어리석은 사람이 격분하고 있을 때, 냉정함을 잃지 않는 사람은 성숙한 인간의 징표이다. 모든 종류의 감정 폭발은 일단 이성을 상실하는 것이기 때문이다.

사려 깊은 판단 능력이 있으면, 어떠한 분노도 이성의 영역을 뛰어넘지 못한다. 격한 감정에 몸을 맡기지 말고 신중히 생각하고 자제의 고삐를 당겨라. 그렇게 하면 말 위에서 제정신을 잃지 않는, 이 세상에서 최초의 그리고 필시 최후의 인물이 될 것이다.

어리석은 사람이 격분하고 있을 때,
냉정함을 잃지 않는 사람은
성숙한 인간의 징표이다
모든 종류의 감정 폭발은 일단
이성을 상실하는 것이기 때문이다

발타자르 그라시안의 인생 강의
105

결점을 친구로 삼지 말라

아무리 완전한 사람이라도 신이 아닌 이상 반드시 무엇인가 결점이 있게 마련이다. 특히나 지성과 관련된 결점은 아둔한 사람일수록 그러한 흠이 크게 보이고 사람들의 눈에 띄기 쉬운 법이다.

그 사람은 자신의 결점을 알아차리지 못해서가 아니라 거기에 애착을 두고 떨쳐 버리지 못한다. 결점을 인정하기는커녕 오히려 그 결점을 소중히 간직하려고 하여 이중 삼중의 잘못을 저지르게 된다.

그들은 남들이 불쾌하게 여기는 사실을 자신의 매력이라고 잘못 생각하고 있다. 비록 애착이 가더라도 그런 생각을 과감히 떨쳐 버리고 그 결점을 고치도록 해야 한다. 그렇게 하면 한층 더 빛나게 된다.

사람들은 칭찬하는 데에는 인색하여 입을 다물고 있지만, 남의 결점을 발견하는 데는 선수여서 결점에 대해서는 이러쿵저러쿵 말이 많다. 그렇게 되면 훌륭한 재능도 빛이 바래서 보일 리가 없을 것이다.

발타자르 그라시안의 인생 강의
106

남의 조언을 진솔하게 받아들여라

남의 의견을 거두절미해 버리는 사람은 구제할 수 없다. 그런 사람은 애당초 주변에 말릴 수 있는 사람이 없으므로 파멸을 향해 몸을 던져도 대책이 없다. 가벼운 충고나 결점을 지적해 줄 만한 친구를 한 사람도 받아들일 만한 마음의 여유조차 없기 때문이다.

남의 조언을 진솔하게 받아들이고 친구와 신뢰 관계를 쌓아라. 도움이 필요 없는 완벽한 사람이란 없다. 항상 의지할 수 있는 사람을 마음의 거울로 삼아 자신의 모습을 비추고 시정을 하거나, 문제가 있을 때는 직접 지도를 받아라.

들을 귀가 없는 자는 구제가 불가능한 자이다.

발타자르 그라시안의 인생 강의
107

말은 간결할수록 곧 훌륭한 웅변이다

하나의 화제에 대해 고정된 사고 틀 안에서 장황하게 연설을 늘어놓으면, 상대방이 쉽게 싫증을 느낀다. 간결한 말은 판에 박힌 일상사에 참신한 매력과 완결 미를 주고 능력 부족을 화술로 보충해 준다. 말은 간결하면 할수록 좋은 인상을 배가시킨다.

흔히 말하듯이 미사여구를 늘여놓으며 빙빙 돌려 말하는 사람치고 현명한 사람은 없다. 말은 장황하면 할수록 진지하게 귀담아들을 수 없게 되는 것이다.

간결한 어법이야말로 웅변이다. 바쁜 세상에 미혹 감을 떨치지 못하는 사람들의 의심스러운 눈빛에도 아랑곳하지 않고 쓸데없는 말로 상대방의 귀를 번거롭게 하는 사람들이 있다.

이러한 사람들은 시간에 쫓기는 사람들에게 있어서 시간이 황금보다 더욱 귀중하다는 점을 깨달아야 한다. 이를 **빼앗는** 것은 용서할 수 없는 행위이다.

발타자르 그라시안의 인생 강의
108

선택하는 능력이 인생을 좌우한다

인생은 선택하는 능력이 있느냐 없느냐에 따라 거의 결정된다고 할 수 있다. 잘못된 선택을 하지 않으려면 뛰어난 안목과 양식, 그리고 바른 판단력이 요구된다. 지성이 넘쳐흐르고 노력을 아끼지 않는 것만으로는 불충분하다.

사물을 정확히 식별하고 바른 선택을 할 수 없으면 인간으로서의 완성도 바랄 수 없다. 그러므로 선택하는 능력이 중요하다.

명석한 두뇌와 정확한 판단력을 갖추고, 근면하며 지식도 풍부한데 막상 선택의 단계에 이르면 실패하는 사람이 많이 있다. 왜 그럴까? 가장 좋은 길을 선택하는 능력이 없기 때문이다.

발타자르 그라시안의 인생 강의
109

빈틈없는 사람과 언쟁을 할 때는 자제력을 잃지 마라

반목의 불씨는 오해에서 비롯된다. 언쟁이 심해지면 이성을 잃게 되고 불같은 감정에 휘말리게 된다. 한순간의 감정을 억제하지 못해 일생을 망치는 사람도 있다.

빈틈이 없는 사람은 당신의 생각과 의도를 알려고 일부러 언쟁을 부추길지도 모른다. 이러한 책략에 맞서서, 즉각적으로 대응해야 할 때 추호의 흔들림도 없는 자제력을 갖고 대처하라. 이러한 자제심이야말로 무심코 튀어나오는 실언으로부터 당신을 보호해 준다.

앞서 자주 언급했던 바와 같이, 조심성 있는 사람만이 자신이 위험에 빠져 있다는 사실을 안다. 말다툼을 심하게 하다 보면 경솔해지기 마련이다. 상대방은 당신이 무심코 토로한 말도 마음속에 깊이 새겨 그 경중을 가릴지도 모른다.

발타자르 그라시안의 인생 강의
110

아군(자기편)을 만들어라

아군(자기편)이 있으면 궁지에 빠져도 도움을 받지 못하는 고립무원(孤立無援)의 상태에 놓이지 않으며 남의 증오를 자기 혼자 받지 않아도 된다.

모든 책임을 자기 혼자서 지려고만 하는 사람은 세상의 혹독한 비판을 혼자 받아 내야 하는 비참한 처지에 놓인다. 그러나 나의 잘못을 너그럽게 이해해주고 함께 그 어려운 고비를 극복해 갈 사람(자기편)이 있으면 인생은 한층 희망적이 된다.

운명의 신은 남의 험담을 잘하는 무리일지라도 한 편인 두 사람을 동시에 공격할 만큼 날렵하지는 못하다. 과실(過失)이라는 무거운 짐과 한탄, 슬픔을 함께 나누어 가질 사람을 찾아라.

불운을 자기 혼자서 이겨내야 하는 일만큼 어려운 일은 없다.

발타자르 그라시안의 인생 강의
111

언제나 어느 정도의 욕심과 희망을 비축해 두어라

모든 것을 손에 넣으면 희망이 사라진다. 어느 정도의 욕심은 뒷전에 남겨 둠으로써 항상 호기심이 차고 희망을 품을 수 있다. 또 언제나 동경심을 가슴속에 품고 지고의 목표를 향해 정진할 때는 신중하고 빈틈없이 수행하라.

상대방의 친절과 호의를 갚을 때도 단번에 감사 표시를 해서는 안 된다. 현명한 사람은 시간을 두고 여러 번에 나누어 감사의 정을 표한다. 그래야 상대방은 감사의 표시를 오랫동안 기억한다.

모든 것이 손에 들어오는 순간부터 두려움이 시작된다. 소원이 말끔히 이루어질 때 비로소 두려움이 엄습해 온다. 이는 행복이 낳는 최대의 불행인지도 모른다.

소원이 말끔히 이루어질 때 비로소 두려움이 엄습해 온다

이는 행복이 낳는 최대의 불행인지도 모른다

발타자르 그라시안의 인생 강의
112

남에게 절대로 우는소리를 하지 말라

아무리 불평이 없는 호인이라 할지라도, 일단 불평불만을 늘어놓을 때는 음울해지고 위축되어 버린다. 견디기 어려운 일이 생기더라도 절대로 남 앞에서 우는소리를 하지 말라. 체면만 손상될 뿐 아무런 도움이 되지 않는다.

고통이 멀리 사라진다 해도 그때 당한 일은 사람의 기억 속에 남게 마련이기에, 불평은 가능한 한 마음속에 깊이 묻어버리는 것이 후회 없이 사는 방법이다.

정치의 세계에서는 많은 사람이 과거에 당한 부당대우에 항거하고 도움을 구한다든지 동정을 불러일으켜 부수적인 싸움을 촉발한다. 미사여구로 승자를 치장하기보다 관용을 칭송하는 편이 훨씬 좋다. 그렇게 되면 상대방도 더불어 관용을 베풀 수 있게 된다. 사람들은 그 말속에 들어 있는 존경심에 주목하기 때문이다.

그리고 분별 있는 사람은 남이 가한 무례함이나 부정한 행위 때문에 자신의 이름을 알리는 것이 아니라 명예로운 행위에 의해서만 이름을 떨친다.

발타자르 그라시안의 인생 강의
113

지혜로우려면 분별 있게 행동하라

존경받고 싶다면 분별 있게 행동하라. 짐짓 잘난 체한다거나 능력을 과시하는 그런 행동을 하면 역효과가 난다. 자신의 참된 모습 그대로를 보여 주는 것이 명성을 얻는 정도(바른길)이고, 인간성을 높이려고 노력하는 것만이 명성을 얻는 지름길이다.

정직성만 갖고는 부족하고 근면함만으로도 불충분하다. 성실함과 정직성만 갖추었다고 해서 존경받는 데 도움이 되는 것은 아니다. 오히려 형편없는 평판을 받을 수도 있다. 무슨 일이든 중용(中庸)을 지키는 편이 좋다. 아무리 좋은 일일지라도 정도가 지나친 것은 부족함만 못하다.

인간성을 높이는 노력을 해야 함은 물론 자기 자신의 참다운 가치를 남이 알도록 하는 방법도 알지 않으면 안 된다.

발타자르 그라시안의 인생 강의
114

주어진 틀 안에서 최선을 다하라

당신을 둘러싸고 있는 상황 속에서 최선을 다하라. 그 안에서 획득할 수 있는 것을 기대하고, 또 그 안에서 완성할 수 있는 일에 종사하라. 그러나 정의와 선을 규범으로 삼더라도 당신을 구속하는 법에 묶여 살 필요는 없다.

누구에게도 해를 끼치지 않을 정도의 자유를 견지하라. 그리고 만족감을 주는 것을 소중히 여기되, 남에게 실토하면 안 된다. 자신이 한 말이 바로 내일 무시당할 수도 있기 때문이다.

시대의 변화에 부응하여 부드럽고 조심스럽게 기회에 편승하라. 현실을 분별하지 못하고 어떤 상황에서도 자신에게 주어진 틀 속에 안주하려는 사람이 있다. 이에 반해 지혜 있는 사람은 분별력을 갖고 주어진 상황을 최대한 활용한다.

발타자르 그라시안의 인생 강의
115

남이 요청할 때 입을 열어라

현명한 사람은 결코 지식에 자만하지 않고, 남이 요청할 때 충고를 한다. 그러나 어리석은 사람은 스스로 지혜가 있다고 착각하고 누구를 막론하고 충고하고 싶어 한다.

식견이 많아 죽임을 당하는 사람도 있지만, 식견이 없으므로 살아가는 사람도 있다. 학문이란 현명한 사람에게는 목숨과도 같이 귀중하지만, 어리석은 사람에겐 서서히 죽이는 독약이다.

현명한 사람은 정신적 빈곤을 견디기 어려워하겠지만, 어리석은 사람은 사상과 지혜를 지나치게 주입하면 질식해 버리고 만다. 그들에게 굳이 폭력을 쓰지 않아도 정신적 피로감 때문에 목숨을 잃고 말 것이다.

하지만 원하는 것을 지나치게 받으면, 현명한 사람이나 어리석은 사람이나 모두 파멸해 버릴 것이다.

발타자르 그라시안의 인생 강의
116

독립성만은 지켜야 할 귀중한 자산이다

은혜와 의리에 너무 연연해하지 말라. 이들은 최소한의 부담으로 족하다. 사람이든 일이든, 지나치게 고마운 마음을 갖게 되면 남의 소유물이나 일에 노예가 된다. 모든 선물을 단념하더라도 독립성만은 지켜야 할 귀중한 자산이다.

남이 베푸는 은혜를 받기만 하면 반드시 필요 이상의 책임을 느낄 때가 온다. 그보다는 도움을 주는 사람 쪽이 받는 사람보다 만족감이 더 크다. 이는 바로 지배력의 원천이다.

이 지배력이 가져다주는 이점 중 하나는 더욱 큰 선을 베풀 수 있다는 것이다. 그러나 정말 주의해야 할 것은 상대방의 부담스러운 눈빛을 마치 은혜를 입고 있기 때문이라고 착각하는 것이다.

상대방은 그저 빈틈없는 태도를 보일 뿐이다. 그가 설사 당신의 권위를 인정한다 해도, 실은 당신의 거들먹거리는 모습을 보고 있는 것이지, 반드시 당신의 애틋한 노력을 보고 있다고는 할 수 없다.

발타자르 그라시안의 인생 강의
117

불만을 토로하기 전에 한 번 더 숙고하라

쓸데없는 일로 남의 감정을 해치는 사람들이 있다. 그들은 쉽게 남들과 사귀나 곧 미움을 사고 쫓겨난다.

태산과 같이 쌓인 그들의 불평불만은 하루도 그칠 날이 없다. 그들은 언제나 견해가 다른 쪽만을 인식하고 있어서 누구를 보아도 흠만 잡아내려 한다. 그리고 자신은 무엇 하나 제대로 하는 것이 없으면서도 남이 하는 일에 대해서는 될 수 있는 한 깎아내린다.

이런 성향은 주변 사람들은 물론 본인에게도 심히 걱정스러운 일이 아닐 수 없다. 불평을 토로하기 전에 한 번 더 숙고하려는 노력이야말로 분별없는 울분을 억제하는 힘이라는 사실을 모르고 있으니 참으로 답답할 뿐이다.

발타자르 그라시안의 인생 강의
118

현명한 사람은 어리석은 자가 주저하는 일에 직접 뛰어든다

현명한 사람은 다음 내디뎌야 할 발의 위치를 정확히 계산해서 자신 있게 다리를 내딛는다.

어리석은 사람은 직관에 의지함으로써 자주 길을 헤맨다. 나침반이 고장 나서 그릇된 방향을 가리키고 있는 줄도 모르고 출발하면 혼란만 더할 뿐이며 도착하고 나서야 비로소 목적지가 아니라는 것을 알게 되는 것이다.

만일 인생의 항해술이 부족하여 길을 헤맬 때는 차라리 유능한 선장에게 맡기는 편이 낭패를 보지 않는 길이다. 식견이 있는 사람은 무엇을 언제 할 것인가를 빠르게 판단하며 자부심을 가지고 즐겁게 실행한다. 현명한 사람은 어리석은 자들이 주저하는 일에 직접 뛰어드는 법이다.

만일 인생의 항해술이 부족하여 길을 헤맬 때는

차라리 유능한 선장에게 맡기는 편이 낭패를 보지 않는 길이다

발타자르 그라시안의 인생 강의
119

누구에게나 애교를 부리며 붙임성이 좋은 사람은 믿지 마라

누구에게나 애교를 부리고 붙임성 있게 대하는 사람은 십중팔구 남을 속이려는 것이다.

마법의 비약을 쓰지 않고도 사람들을 마법에 걸리게 하는 사람이 있다. 모자를 단정히 쓰고 점잖고 우아하게 고개를 끄덕여 가볍게 인사만 해 보여도 어리석은 사람은 매료되어 버린다.

그들의 예의 바른 행동이 그의 허영심을 들뜨게 한 것이다. 이러한 사람은 덮어놓고 아무에게나 붙임성 좋게 대하며 빚을 지고도 갚으려고 하지 않고 그럴듯한 변명을 꾸며대어 얼렁뚱땅 넘어가 버리곤 한다. 무슨 일이든 쉽게 약속하고 그 약속을 제대로 지키는 일도 없다. 그들에게 약속 따위는 어리석은 사람을 속여 넘기는 덫에 지나지 않는다.

진심이 우러난 예의 바른 행동에는 경의를 표해야 하지만, 겉치레로 하는 예의에는 남을 속이려는 책략이 숨어 있다.

붙임성이 지나치게 많을 때는 상대방을 좋게 생각하거나 공경해서가 아니라 무언가 자기 속셈이 있기 때문이다.
그 사람의 훌륭한 인격에 감복하여 우러러보는 것이 아니라 무언가 자신에게 돌아올 이득을 기대하고 있다는 것을 명심하자.

발타자르 그라시안의 인생 강의
120

말만 앞세우는 사람과 실천하는 사람을 분간할 줄 알아야 한다

말만 앞세우는 사람과 실천하는 사람을 구별하는 데에는 날카로운 안목이 필요하다. 자신의 인간성을 평가해 주는 친구와 지위에 이끌려 가까이하는 친구를 분간할 줄 알아야 한다는 말이다.

좋지 않은 말을 한다는 것은 비록 나쁜 짓을 하지 않더라도 나쁜 사람이라고 말할 수가 있다. 그러나 좋지 않은 말은 일체 입에 담지 않으면서 나쁜 짓을 하는 것은 더 나쁜 사람이다. 풍문에 지나지 않는 불확실한 말을 참말로 받아들이거나 간살부리며 하는 말(그럴듯한 거짓말)을 곧이곧대로 받아들여서는 이 세상을 살아가기가 어렵다.

풍문 같은 이야기를 듣고 만족해하는 사람은 허영심이 강한 인간뿐이다. 말이 그 가치를 잃지 않으려면 반드시 행동으로 뒷받침해 주는 일이 필요하다. 열매가 열리지 않고 잎사귀만 무성한 나무는 대개가 속이 텅 비어 있다. 열매를 맺어 이익을 가져다주는 나무와 그늘만 만들어 주는 나무를 분간할 줄 알아야 한다.

발타자르 그라시안의 인생 강의
121

용감하고 신중하게 행동하라

상대방이 죽은 사자라면 토끼조차도 그의 갈기를 가지고 장난친다. 지식과 마찬가지로 용기도 가볍게 여겨서는 안 된다. 용기가 한 번 꺾여 버리면 그 뒤 두 번, 세 번 잇따라 꺾이게 된다. 어차피 극복해야 할 어려움이라면 먼저 해치우는 편이 가장 좋은 방책일 것이다.

정신은 육체보다 대담하다. 그것은 칼을 손에 쥔 대담성이다. 그 칼을 '사려분별'이란 칼집에 넣어두어 자신의 몸을 스스로 지키는 것이다. 뛰어난 자질을 타고났으면서도 용기가 없어 마치 죽은 사람 같은 나날을 보내고 권태로움 속에 묻혀 사는 사람은 수없이 많다.

달콤한 꿀은 벌의 날카로운 침과 함께 하는데 이는 오묘한 자연의 법칙이다. 사람의 몸에도 신경과 뼈대가 있다. 정신도 오직 부드럽기만 하면 쓸모가 없다.

발타자르 그라시안의 인생 강의
122

자신에 대해 나쁜 소문이 나지 않도록 하라

대중이란 머리를 여러 개 가진 괴물이다. 사방팔방 볼 수 있는 눈은 적에게로 향하여 감시의 끈을 늦추지 않고 수많은 입에서는 중상모략의 말이 튀어나온다.

그 입에서 튀어나온 소문이 빛나는 명성에 치명적인 상처를 입히고 걷잡을 수 없이 번지면 빛나던 명예도 땅에 떨어지고 만다.

남의 눈에 띄기 쉬운 약점이나 아무것도 아닌 조그마한 결점도 대중들의 좋은 먹잇감이 된다. 남을 찢고 까부르는 데에는 그것만큼 좋은 재료가 없다. 때로는 질투심에 불타는 적대자가 결점을 그럴듯하게 꾸며서 날조를 하기도 한다.

세상에는 입심이 센 사람이 있게 마련이어서, 속이 빤히 들여다보이는 새빨간 거짓말이 아닌 단 한마디 농담만으로도 아무리 높은 평판을 받고 있는 인물의 명성을 땅에 떨어뜨릴 수 있다.

악평은 순식간에 번져 나간다. 좋지 않은 소문일수록 쉽게 믿어버리는 것이 인지상정이라 한 번 번진 소문은 아무리 지우려고 해도 여간해서는 지워지지 않는다.

비열한 사람의 조심성 없는 행동을 눈여겨보고 조심할 일이다. 하찮은 소문이라도 미리 막아 두는 것이 나중에 더럽혀진 이름을 씻으려고 하는 일보다 몇십 배나 쉬운 일이다.

발타자르 그라시안의 인생 강의
123

지혜로운 사람은 자신의 결함을 잘 알고 있다

타고난 재주(재능)가 많은 사람일수록 결점도 많이 가지고 있게 마련이다. 결점을 고치지 않고 내버려 두면 점점 악화하여 폭군처럼 사람을 지배하기 시작한다.

결점을 극복하는 첫걸음은 우선 그 결점에 유의해야 할 일이다. 최대의 결점이 무엇인가를 알고, 그 결점을 고치도록 노력해야 한다. 자신의 결점을 비난하고 헐뜯는 사람들 못지않게 자기 스스로 그 결점에 유의해서 고치도록 해야 한다.

스스로 할 일을 곰곰이 생각하고 자신을 자제해야만 한다. 가장 큰 결점만 극복해 낸다면 나머지 결점들은 차차 없어지게 될 것이다.

스스로 자기 자신이 할 일을 곰곰이 생각하고
자신을 자제하는 것이다. 가장 큰 결점만 극복해 낸다면
나머지 결점들도 차차 없어지게 될 것이다

발타자르 그라시안의 인생 강의
124

어리석은 사람과는 사귀지 말라

어리석은 사람과 사귀는 것은 위험천만한 일이다. 그런 사람을 신용하였다가는 큰 봉변을 당하게 될 것이다. 처음 얼마 동안은 어리석은 사람도 주의하고 이쪽도 조심해서 대하겠지만, 나중에는 결국 그 어리석음이 공공연히 드러나게 되고 바보짓을 저지르게 되는 것이다.

세상의 평판이 좋지 않은 사람과 사귀면 자신의 명성에 상처만 입을 뿐이다. 어리석은 사람은 으레 불운이 따르게 되는데 그것이 그의 숙명이다. 어리석다는 사실과 불운이라는 사실, 이 이중의 불행은 들러붙어 떨어지지 않는 속성이 있다. 어리석은 인간과 사귀는 사람은 그 불행(불운)을 스스로 불러들이게 된다.

어리석은 사람에게도 쓸 만한 점이 한 가지는 있다. 어리석은 사람에게 현명한 사람은 아무런 도움이 되지 않으나, 어리석은 사람은 때로는 인생의 교사로서 현명한 사람의 도움이 되기도 한다.

발타자르 그라시안의 인생 강의
125

인기 있는 사람을 우습게 여기면 안 된다

인기가 있는 사람을 오직 자기 혼자만 배척해서는 안 된다. 수많은 사람에게 기쁨을 주고 환영을 받으면 확실한 이유가 있든 없든 많은 사람이 가치를 인정하고 있는 것이다. 남들과 다른 행동을 한다면 틀림없이 미움을 산다. 더구나 잘못을 저지르게 된다면 업신여김을 당할 것이 뻔하다.

대중들에게 인기 있는 사실(사람)을 경멸한다면 바로 당신 자신이 경멸받게 된다. 그뿐만 아니라 취미가 아주 고약한 사람이라고 생각되어 상대해 주려고 하지 않을 것이다. 자신이 시비를 분간할 줄 모르는 감수성이 둔한 사람으로 보이지 않도록 해야 한다. 이런 일 저런 일 모든 것을 획일적으로 한 가지로만 보고 비난해서는 안 된다.

성미가 고약한 사람은 그 자신이 무지하기 때문인 경우가 많다. 누구나 좋다고 하는 것은 확실히 좋은 것이고, 아니면 적어도 좋을 가능성이 크다는 것을 알아야 한다.

발타자르 그라시안의 인생 강의
126

쉽게 남을 믿어서도 안 되고, 금방 좋아해서도 안 된다

요즘은 거짓과 가짜가 판을 치는 세상이어서 확실하고 분명한 일이 아니라면 곧이곧대로 남을 신용해서는 안 된다. 앞뒤 생각 없이 금방 판단을 내리면 나중에 아주 귀찮고 성가신 일이 일어나게 되고 또 거기에 말려들어 피곤하고 곤혹스럽게 된다.

그러나 상대방이 한 말이 '정말일까? 아니야, 거짓말일 거야. 믿을 수가 없어.' 이렇게 분명히 드러내 놓고 의심하는 것도 좋지 않은 일이다. "그 사람은 거짓말쟁이야." 하며 남을 거짓말쟁이로 여긴다든가, "당신은 지금 속고 있는 거야." 하는 따위의 말을 하게 되면 상대방에게 상처를 줄 뿐 아니라 모욕을 받았다고 생각할지도 모르며 더 나아가서는 커다란 불이익을 불러들이게 된다.

남의 이야기를 의심한다는 것은 곧 자기 자신의 이야기에도 거짓이 있다고 넌지시 암시하는 셈이 되기 때문이다. 이처럼 거짓말은 이중의 고통을 맛보게 한다. 남을 의심하면 믿지 못하게 될 뿐 아니라 남으로부터도 신용을 받지 못하게 되는 것이다.

현명한 사람은 무슨 이야기를 들어도 일단 그에 관한 판단을 보류한다. 또한, 키케로(로마의 웅변가, 철학자, 정치가) 같은 저술가는 경솔하게 남을 사랑해서는 안 된다고도 가르쳤다. 사람들은 그럴듯한 이야기를 꾸며대 거짓말을 할 뿐만 아니라 몸짓이나 태도로서도 거짓말을 한다. 그럴듯한 몸짓이나 태도를 믿으면 더 큰 비난을 맞게 될 것이 뻔하다.

발타자르 그라시안의 인생 강의
127

결단은 빠를수록 좋다

결단을 내리는 데 우물우물 미루는 것보다 처리 능력이 좀 부족하거나 솜씨가 좋지 않더라도 실천에 옮기는 편이 훨씬 손실이 적다.

재료는 가공하고 있을 때보다 방치해 둔 동안 나빠지는 경우가 더 많다. 좀처럼 결심을 하지 못하고 다른 사람의 부추김이나 도움말을 필요로 하는 사람들은 대개가 어떻게 해야 좋을지 판단이 서지 않아서일 뿐만 아니라 판단이 서 있더라도 실행력이 부족하기 때문이다. 난관을 예측하는 것도 뛰어난 재능이라고 할 수 있지만, 난관을 피하는 길을 찾아내는 것은 더욱 뛰어난 능력이다.

그 어떤 일에도 구애됨이 없이 자기 생각대로 밀고 나아가는 정확한 판단력과 결단력을 겸비한 사람들은 말한 바를 재빨리 실천으로 옮기고 곧 끝내 버리는 능력을 바탕으로 높은 지위에 앉아 그 명석한 두뇌로서 손쉽게 성공을 거두는 것이다.

이리하여 그들은 자신의 행운을 확신하고, 한층 더 자신감을 가지고 더욱 적극적이며 과감하게 추진해 나갈 수 있다.

발타자르 그라시안의 인생 강의
128

지혜는 어느 시대에서나 요구되고 필요한 것이다

보기 드문 능력을 갖춘 사람이 그 능력을 제대로 발휘할 수 있느냐 없느냐는 시대가 그런 힘을 필요로 하느냐 않느냐에 달려 있다. 그래서 세상은 영웅을 만들고 영웅은 세상을 만든다는 말이 있다.

그렇다고 그러한 사람들이 모두 자기 자신에 알맞은 시대에 태어났다고 할 수 없고, 비록 그렇다고 하더라도 그러한 능력(장점)을 끝까지 살릴 수 있는 사람은 많지 않다.

'다른 시대에 태어났더라면 그 능력을 살릴 수가 있을 텐데.' 하는 생각이 드는 사람도 있다. 아무리 뛰어난 재능을 가진 사람이라도 어느 시대에나 한결같이 그 재능이 통용된다고는 볼 수 없기 때문이다. 무슨 일이든 때와 장소가 있는 것처럼 아무리 뛰어난 능력이라도 유행의 성함과 쇠퇴하는 흐름에서 벗어날 수 없다.

그런데 오직 지혜만은 다르다. 지혜에는 영원한 생명이 있다. 오늘날은 지혜가 요구하는, 지혜가 필요한 시대가 아닌가 하는 생각이 든다면 다른 시대에도 마찬가지일 것이다.

발타자르 그라시안의 인생 강의
129

귀가 얇은 사람은 결국 표류하고 만다

새로운 뉴스를 들을 때마다 마음의 동요를 일으키고 이것에 끌려 우왕좌왕하는 사람이 있다. 그들은 쉽게 형체가 변하는 밀랍처럼 시류에 부화뇌동한다. 또 앞을 내다보는 비전이 없으므로 새로운 것이 나타나기만 하면 즉시 옛것을 버리고 새로운 것에 덤벼든다.

상품을 살 때도 마찬가지다. 사리에 밝은 사람은 가격이 오르면 잠시 시세를 관망하든지 가격이 싼 다른 상품을 고른다. 하지만 그들은 더 이상 가격이 오를 수 없는 상황에서도 허둥대며 물건을 사버린다. 흥정할 때도 담력이 작고 겁이 많아 마음이 쉽게 흔들리고, 주변에서 누가 어떤 말을 해도 쉽게 영향을 받는다.

이런 사람은 어떤 상황에서도 제 몫을 다하지 못하기 때문에 동업자나 친구로서도 상대하기가 어렵다. 마치 어린아이처럼 생각과 기분이 수시로 변하고 끊임없이 표류한다.

귀가 얇은 사람은 앞을 내다보는 비전이 없으므로
새로운 것이 나타나기만 하면 즉시 옛것을 버리고
새로운 것에 덤벼든다

발타자르 그라시안의 인생 강의
130

지혜로운 사람들을 자기주의로 끌어들여라

어떤 일을 잘 진척되게 하려면 주위에 지혜로운 사람들을 끌어모아야 한다. 자신의 무지함 때문에 궁지에 빠지더라도 그들이 구출해 주고, 자신을 대신하여 고통스러운 투쟁에 몸을 던져 줄 것이다.

지혜로운 사람을 잘 이용하는 사람은 아주 보기 드문 뛰어난 능력을 갖춘 사람으로, 정복한 여러 나라 왕을 곧잘 노예로 삼곤 하던 티그라네스(Tigranes, 서기전 1세기 서남아시아에 있던 아르메니아의 왕, 파르티아를 침략한 그는 싸움에서 패배한 여러 나라의 왕을 굴복시켜 따르게 하고 이따금 민중 앞에 나타나곤 했다.) 보다도 훨씬 나은 사람이다. 그는 인생의 중요한 국면에서 남을 자유자재로 부리는 방법을 아는 사람이고, 훌륭한 사람을 멋지게 자신의 부하로 삼아 버린 사람이기 때문이다.

인생은 짧고 알아야 할 일은 산더미 같다. 무지(無知)해서는 살아갈 수 없으므로 지식을 얻으려면 이만저만한 노력이나 재주가 필요한 것이 아니다. 하지만 수많은 지혜로운 사람들로부터 다양한 지식을 흡수하고 비축해 둔다면 군중들이 떼를 지어서 몰려오더라도 조금도 놀라지 않을 것이다. 그렇게 해 두면 모임 같은 데 나와 발언할 때도 수많은 사람의 의견을 섭렵하여 자기 생각을 이야기할 수 있다. 이야기하는 가운데에 조언을 받은 현명한 사람들의 지혜가 가득 들어 있으므로 현명한 사람의 명예나 자랑거리도 손안에 넣을 수 있는 것이다.

지혜 있는 사람을 부하로 만들 수 없다면 그의 친구라도 되어야 할 일이다.

발타자르 그라시안의 인생 강의
131

남의 질투와 적의를 이겨내라

질투를 공공연하게 드러낸 사람을 쌀쌀맞게 응대하는 것은 질투에 적의를 더하는 일이지 그걸 푸는 방법이 아니다. 그러므로 그런 태도에 아랑곳하지 말고 너그럽게 대하여 주는 것이 자신에게 이득이다. 이를테면 남에게 악담을 들었다면 오히려 상대방을 칭찬해 주어라. 그러면 사람들로부터 칭송하는 말이 쏟아질 것이다.

그러다 제대로 앙갚음을 하려면 뛰어난 능력으로 훌륭한 업적을 이루어 내어 질투한 사람을 패배시키고 고통을 주는 것이다.

남이 불행해지기를 바라는 사람은 상대방이 성공을 거둘 때마다 이를 갈며 분한 생각으로 괴로워한다. 남의 영광이 라이벌에게는 생지옥이 되는 것이므로 자신의 성공을 상대방이 독으로 삼게 하는 것이 가장 멋진 벌이 된다.

질투심이 강한 사람에게는 죽음이 몇 번이고 찾아든다. 라이벌이 사람들로부터 갈채를 받을 때마다 죽음을 맛보기 때문이다. 그야말로 '죽을 맛'이 되는 것이다.

발타자르 그라시안의 인생 강의
132

라이벌과 싸워서는 안 된다

라이벌과 싸움을 하게 되면 세상의 평판이 나빠진다. 경쟁 상대는 곧바로 이쪽의 결점을 찾아내어 신용을 떨어뜨리려고 한다. 공정하게 싸우는 적은 거의 없다. 관대한 사람이라면 너그러이 보아줄 결점이라도 적(경쟁 상대)은 결코 그냥 넘기지 않는다.

아주 평판이 높았던 사람이 적이 나타남으로써 그의 명성을 잃어버린 사례가 수없이 많다. 적개심을 가득 품은 사람은 세상에서 이미 잊힌 상처를 파헤치고 악취가 풍기는 과거 일을 들추어낸다. 약점을 폭로함으로써 싸움에 불을 붙이고 그것이 훨훨 타오르게 하려고 쓸 수 있는 수단은 무엇이든 동원하여 비열한 짓을 행한다. 사람의 감정을 해칠 뿐 아무런 이득도 돌아오지 않음에도 앙갚음을 하였다는 만족감만 얻으면 그들은 그것으로써 충분하다.

남과 다투어 상대의 복수심을 일깨운다면 잊고 있었던 결점까지 하나하나 들추어지게 된다. 하지만 남에게 호의를 가진다면 싸우는 일 따위도 일어나지 않고 명성도 유지될 것이다.

발타자르 그라시안의 인생 강의
133

절대 행운을 자랑하지 말라

행운을 자랑하지 말라. 지위가 높아졌다고 하여 이를 자랑해 보이면 남들로부터 반감을 산다. 똑같은 자랑이라도 지위나 직업의 자랑이 아니라 높은 인격을 자랑하는 쪽이 낫다.

선망의 대상이 되어 있다고 해서 그것을 지나치게 자랑스럽게 여겨서는 안 된다. 남에게 존경을 받으려고 애쓰는 만큼 사람이 가벼워지게 된다. 무엇보다도 존경받을 만한 가치가 있는 인간인가 아닌가 하는 점이 문제이다.

존경은 바라기만 한다고 손안에 들어오는 것이 아니므로 존경을 받을 만한 언행을 하는 인간이 되는 일이 우선되어야 한다.

중요한 지위에 있는 사람에게는 그 나름대로 위엄과 위신이 요구된다. 그러나 위엄과 위신을 그 지위에 어울리고 직책을 완수하는 데 필요한 만큼만 갖추고 있으면 그것으로써 충분하다. 짐짓 자기가 제일인 체 거드름을 피우고 허풍을 떠는 행동을 하면 오히려 좋게 여기던 마음만 사그라지게 할 뿐이다.

분수를 알아차리고 분별 있게 행동하여 충분한 효과를 발휘할 수 있도록 하기 바란다.

남에게 보여 주기 위해서 일에 너무 열심히 몰두하고 있는 척한다면 오히려 그 일에 맞지 않은 것이 아닌가 하는 생각이 들게 된다.

성공하고 싶다면 자신의 능력을 최대한 발휘하도록 해야지 열심히 하는 척하며 겉으로만 그럴듯하게 꾸며서는 안 된다.

발타자르 그라시안의 인생 강의
134

자신의 시간을 소중히 써라

사람은 때로는 남을 위해 봉사하고 또 남의 봉사를 받기도 한다. 공무원이 민중의 지팡이를 무거운 짐으로 생각한다면 곤란하겠지만, 그렇다고 남을 위해 봉사하는 일에만 마음을 빼앗기는 사람은 바보다.

하루에 단 한 시간도 자기 시간을 내지 못하고, 남을 위해 뛰어다니는 사람은 만인의 종이라고밖에 할 수 없다.

양식(良識)이 있는 사람은 남에게 적절히 봉사하고 자신의 시간을 소중하게 활용한다. 봉사만 열심히 한다고 해서 상대방이 그 수고를 알아주는 것도 아니고 다만 이용만 당할 뿐이다.

양식(良識)이 있는 사람은 남에게 적절히 봉사하고 자신의 시간을 소중하게 활용한다

발타자르 그라시안의 인생 강의
135

직접 알게 해주는 것이 중요하다

생각이 나게 하기보다는 직접 알게 해주는 쪽이 중요하다. 기억력에 의지하기보다는 지성을 일깨워주어 대처하는 쪽이 잘되는 수가 많다. 남이 깨닫도록 이쪽 편에서 가르쳐 주어야 할 때도 있고, 때로는 남들이 나를 깨우쳐 주어야 할 때가 있는 법이다.

실행만 하면 되는 때를 엿보고 있다가 기회를 잡아야 하는데 빤히 눈앞에 보면서 기회를 놓쳐 버리고 마는 사람이 적지 않다. 그때는 지혜로운 친구가 한 마디 조언을 해주어 지금이 바로 그 시기임을 지적해 주면 된다.

당면한 문제가 무엇인가를 그 자리에서 곧바로 판단할 수 있는 것은 뛰어난 재능이다. 훌륭한 사람이 꽃을 피우지 못하고 끝나 버리는 경우가 많은데 그런 사람은 이러한 재능이 없는 탓이다.

지혜가 있는 사람은 그것을 남들에게 베풀어 주고, 지혜가 없는 사람은 남으로부터 구하는 것이 좋다. 지혜를 구하는 사람은 조심성 있게, 주는 사람은 넌지시 힌트만 주어야 한다.

특히 이해관계가 걸린 문제가 있을 때는 그러한 마음 씀을 더욱 신중히 해야 한다.

상황을 정확히 판단하여 둘러 말하되 상대가 알아듣지 못할 때는 직설적으로 이야기해 보는 것도 좋을 것이다.

발타자르 그라시안의 인생 강의
136

농담은 적당히 하도록 하라

언제나 농담만 해대면 진실한 인간이 될 수 없고, 그런 사람은 허풍선이나 거짓말쟁이로만 여기게 되어 누구에게도 신용을 받지 못한다. 속고 있는 것은 아닐까, 또는 놀림을 당하는 것은 아닌가 하는 생각이 들게 하기 때문이다.

늘 농담만 일삼는 사람이 언제 양식(良識) 있는 이야기를 할지 아무도 알지 못한다. 현명한 사람은 착실하고 점잖은 사람으로 알려져 있다. 점잖고 착실한 사람이 위트가 풍부한 사람보다도 더 존경을 받는 것이다.

쉴 새 없이 농담을 하면서 유머 정신을 발휘하면 위트가 풍부한 사람이라는 평을 들을지 모르나 분별 있는 사람이라는 좋은 평은 잃게 된다.

때로는 농담을 하며 유쾌한 생활을 보내는 것도 좋지만 그 밖의 모든 시간은 성실하고 진실한 태도를 지녀야 할 것이다.

PART 4

후회 없는 인생을 위한 처방전

발타자르 그라시안의 인생 강의
137

지위를 위협하는 부하에게는 손바닥을 보이지 말라

사업과 예술의 세계에서 정상에 오르면, 발밑이 걸리지 않도록 조심하라. 지위를 빼앗으려고 노리는 자들에게는 어떠한 정보도 주면 안 된다. 그래야 자신의 특권을 지킬 수 있다. 장인들은 제자들에게 깊은 기술을 가르치지 않는다.

부하의 상상력을 키워주고 기대감을 만족시켜 주어라. 그러나 기술을 전수하는 데에도 요령이 있다. 당신 자신만의 고유한 업적에 접근하려는 자들에게는 어느 정도 울타리를 쳐 주지 않으면 안 된다.

손바닥 안쪽을 보여 주지 않는 것이 인생, 그리고 정복의 철칙이다.

138

자신의 명예가 달린 일을 남에게 맡기지 말라

마음속을 꿰뚫어 볼 수 없는 상대에게 자신의 명예가 걸린 중대사를 맡기면 안 된다. 침묵이 주는 이점과 침묵을 깨는 데에서 오는 위험에 대해서 항상 대등한 입장을 견지하라. 마찬가지로 신분이 비슷한 사람과 손을 잡는 것이 좋다. 너무 높은 지위에 있는 사람과 행동을 같이하면, 마음속에 남모르게 시기와 적의를 품게 된다. 성공하지 못한 사람이 출세한 사람과 자리를 함께하면, 제아무리 세심한 대접을 받아도 마음이 편할 리 없다. 가능한 한 자신의 진지에서 승부를 겨루어라.

자신의 명예가 걸린 일을 절대로 남에게 맡기지 말라. 어쩔 수 없는 상황에 부닥쳤을 때도 지력을 사용하기 전에 먼저 경계심을 늦추지 말고 상황을 통찰할 필요가 있다. 이럴 때는 예상되는 문제나 위험도 서로 나누어 맡아야 한다. 상호 간에 서로 불리한 증언자가 되지 않기 위해서이다.

발타자르 그라시안의 인생 강의
139

어떠한 일이 완성되기 전에는 떠벌이지 말라

어떤 일도 처음에는 형체가 없고 머릿속에 있는 단순한 이미지에 불과하므로 완성된 모습이 드러나기 전에 희희낙락해서는 안 된다.

초기 단계에 있는 일을 남에게 보여 주게 되면 미숙한 인상을 남기게 되고 그 일이 완성된 후에도 영향을 미친다. 평가해야 할 이미지가 두 개로 나누어져 올바른 평가를 할 수 없게 된다.

목표가 다는 아니다. 오히려 그것만으로는 어떤 가치도 없다. 목표를 갖는다는 것만으로는 아직 아무것도 없는 상태이다. 맛있는 요리라도 먹기 전에 주방을 들여다본다면 식욕이 사라져 버린다. 이와 마찬가지로 아무리 독창적인 사업도 형태가 드러나기도 전에 떠벌리면 김이 새어 버린다. 대자연조차도 완성된 자태를 드러내기까지 사람의 눈에 노출되지 않고 생성된 것이다.

아무리 독창적인 사업도 형태가 드러나기도 전에 떠벌리면 김이 새어 버린다

발타자르 그라시안의 인생 강의
140

후임자보다 자신이 더욱 적임자라는 생각은 착각이다

후임자의 능력이 모자라 전임자였던 당신이 재평가를 받는다 하더라도 그것은 명예로운 일이 아니다.

그렇다고 당신이 그 자리로 다시 돌아갈 것도 아니고 현직에 있는 후임자를 물러나게 하는 명분만을 제공할 뿐이기 때문이다.

발타자르 그라시안의 인생 강의
141

남이 하는 일을 애써 깎아내리는 사람은 자신도 악평을 받는다

주간잡지의 전파자 역할을 하는 사람은 대개 자신의 평판도 훼손당한다. 상처를 받은 사람들이 복수하기 위해 그를 비방하기 때문이다. 중상모략을 일삼는 사람이 여러 사람으로부터 반격을 받으면, 자신의 모함이 퍼지기도 전에 평판이 땅에 떨어진다.

중상모략을 일삼는 사람은 항상 불신의 늪 속에서 허우적댄다. 설령 그들 주변에 지위가 높은 인물이 얼굴을 들이민다 하여도 이는 그 사람에게 호감을 느끼고 있기 때문이 아니라 그 사람이 내뱉는 남에 대한 야유를 귀담아듣고 쾌감을 느끼기 위해서다.

악의는 결코 즐거움의 대상도 아니고 주제도 아니다. 빈정거린다든지, 뒤에서 남의 험담을 늘어놓는다든지, 예의를 저버린 발언이나 남이 하는 일을 중상모략하는 사람은 자신에 대한 악의에 찬 비방을 자초하는 것이다.

발타자르 그라시안의 인생 강의
142

자신을 약한 존재로 만드는 사람과는 사귀지 말라

주역을 맡은 사람이 가까이에 있으면 자기 자신은 두 번째로서 만족해야 하고, 아무리 존경을 받게 되더라도 그 사람의 그늘에 가리게 된다.

밤하늘에서는 달과 별들이 반짝이는 빛을 서로 겨룬다. 그러나 단 한 번이라도 태양이 머리를 들고 빛을 비추면 달과 별은 어슴푸레한 모습밖에 보이지 않게 된다.

자신의 빛을 잃게 하는 그런 사람 곁에는 가까이 가지 말고 자신을 돋보이게 해 주는 사람하고만 사귀는 것이 좋다. 마르티알리스(로마의 시인)의 시에 등장하는 '파뷰라'는 현명하게도 못생기고 세련되지 않은 아가씨만을 골라서 몸종으로 삼았다고 한다. 그렇게 함으로써 자기 자신의 아름다움을 한층 눈에 띄게 하였던 것이다.

발타자르 그라시안의 인생 강의
143

전임자와 어깨를 나란히 하려면, 두 배로 일을 해야 한다

지금보다 높은 지위로 승진하려면 마음을 단단히 부여잡아라. 그 격차를 메우는 일은 그리 쉬운 일이 아니다. 지나간 일은 현재 하는 일보다 더 잘 상기되는 법이다. 따라서 전임자와 똑같은 정도의 일을 하게 되면 주변에서는 만족을 못 한다. 그 평가는 전임자에게 돌아가기 때문이다. 만일 그런 상황에 놓이면 그 이상의 재능을 발휘하려고 해야지 남에 대해 이러쿵저러쿵 불평하는 마음가짐을 가져서는 안 된다. 전임자와 어깨를 나란히 하려면 두 배로 일을 해야 한다.

자신의 지위를 다른 사람에게 넘겨 줄 때는 주변 사람들이 당신을 애석하게 여기고, 귀감으로 칭송하며 되돌아오길 바란다고 여기는 후계자를 선택하는 것이 현명하다.

발타자르 그라시안의 인생 강의
144

시대의 추세를 모르면 손가락질당한다

시대의 추세를 읽고 자신이 서 있는 자리를 안다는 것은 법, 사업, 정치 등 어느 분야에서나 필요한 것이다. 아무리 올바른 행동을 해도 세간에 주는 인상이 나쁘면 손가락질받는다. 더구나 사업체를 일으킨다든지, 혁신을 단행하는 경우에는 세상 돌아가는 정세를 꼭 알아야 한다. 일찌감치 이를 파악해 두면 나중에 세상의 평가도 예측하기 쉽다.

성공을 원하든 누구의 지지를 기대하든 사람들의 의견을 조사하고 상황을 파악한 다음 직관의 힘을 빌려 확신에 찬 최종결정을 내려야 한다. 그러면 그 일을 계속 추진할 것인지 아니면 보류할 것인지를 판단할 수 있다.

발타자르 그라시안의 인생 강의
145

직장에서는 유능한 사람처럼 보이려는 노력도 중요하다

이상하게도 대다수 사람은 자신의 두뇌로 이해할 수 있는 일에 대해서는 평가를 하지 않고, 이해를 초월한 일에만 경의를 표한다. 요컨대 종잡을 수 없는 일일수록 대단한 일로 보지만, 정작 그 이유를 물으면 아무런 대답도 못 한다.

사람은 신비적인 것을 동경하는 것 같지만 실은 남이 칭찬하니까 나도 칭찬한다는 논리에 불과하다. 따라서 직장에서도 실제보다 조금 유능한 것처럼 보이려는 노력도 중요하다. 하지만 도가 지나치지 말아야 상대에게 존경을 받는다.

현명한 사람은 예지로 일을 하지만 평범한 사람은 상대의 화술에 도움을 받아야 일을 제대로 처리한다. 빈틈없는 사업가는 능숙한 화술로 구매자와 판매자를 조종하고, 상대방에게 말할 틈도 주지 않고 거래 내용을 이해시키는 요령을 알고 있다.

발타자르 그라시안의 인생 강의
146

업적과 선행도 눈에 띄지 않으면 공염불이다

당신이 성취한 일을 남의 눈에 띄도록 하라. 참다운 평가를 받았을 때 비로소 이름값을 하게 되는 것이다. 가치 있는 일을 만드는 능력과 이를 세상에 내놓는 지혜가 결합할 때 성과는 배가 된다.

사람은 자신을 스스로 평가함과 동시에 남의 평가도 받아야 한다. 아무리 당신이 상대방의 평가를 받고 싶어도 당신이 한 일이 눈에 띄지 않으면, 상대방은 당신을 평가할 아무런 근거도 갖지 못한다. 선의조차도 그것이 선의로 보이지 않으면 존경을 받을 수 없다.

세상의 허다한 평가자들은 자기 이익에만 몰두하기 때문에 영리한 자보다는 우둔한 평가자들이 더 많다. 게다가 요즘에는 사기, 모략, 망상이 판을 쳐서 성급하고 적당히 판단하는 경우가 많다. 옛날처럼 신중하게 상대방이 성취한 일을 평가하지 않는다. 따라서 자신의 업적을 남에게 인정받기 위해서는 이를 세상에 내놓는 방법도 사전에 빈틈없이 준비하지 않으면 안 된다.

발타자르 그라시안의 인생 강의
147

지위를 자랑하면 남들이 시기한다는 점을 명심하라

지위에 의해 존경받으려 하지 말고, 재능에 의해 존경받아라. 가령 일국의 왕이라 할지라도 왕위보다는 사람됨으로 존경받도록 하라. 자신의 소유물을 자랑하는 사람은 참된 인물이 못 된다.

지위를 자랑하면 남들의 반감을 산다. 중심적 인물은 시기와 질투의 표적이 되게 마련이다. 즉 칭찬을 받지만 동시에 미움도 받는다는 점을 각오해야 한다. 자신의 지위와 권세에 매달려 이용만 하려고 하는 사람은 명예롭지 못한 기품을 폭로하는 꼴이 된다.

존경할 가치가 있는 인물이 누구인지는 남들이 결정할 문제이다. 스스로 그것을 요구할 수 있는 것도 아니고 장악할 수 있는 것도 아니다. 다만 거기에 걸맞은 인물이 된 후, 사람들의 평가를 기다릴 뿐이다.

발타자르 그라시안의 인생 강의
148

과정보다 결과를 중시하라

순조롭게 목표를 달성하려고 하기보다 바른 순서를 밟아나가는 쪽으로 마음을 쓰는 사람이 적지 않다. 그러나 결과가 나쁘면 아무리 열심히 해 나가더라도 실패자라는 오명을 쓰는 것으로 끝나 버리게 된다. 승리자가 패배자의 자세한 해명에 귀 기울여 주지는 않는다.

세상 사람들이 주목하는 것은 그 일이 이루어졌느냐 이루어지지 않았느냐 하는 것뿐이며, 도중에 일어난 사정에 대해서는 거들떠보려고도 하지 않는다.

목표를 일단 달성하면 평판에 흠집이 날 염려는 거의 없다. 결과만 좋다면 무엇이든 찬란하게 빛나 보일 것이므로 수단과 방법에 아무리 불만이 있다 하더라도 보이지 않게 된다. 따라서 좋은 결과를 내는데 필요한 일이라면 다소 요령을 쓰는 것도 일하는 데 있어서 하나의 좋은 방편이 될 수 있다.

발타자르 그라시안의 인생 강의
149

지위는 능력을 인정받음으로써 지켜지는 것이다

조직의 책임자나 간부는 헌신성에 의해 평가되기보다는 역량에 의해 평가를 받는다. 정감은 친밀감을 주지만, 지나치면 그 사람의 가치를 떨어뜨릴 염려가 있다. 헌신성과 존경심은 잘 조화되기가 어렵다. 존경받기 위해서는 지나친 정감도 안 좋고 지나친 공포심도 주지 말아야 한다.

애정이란 예민하면서도 대담무쌍하다. 이 양극 단적인 성질 때문에 하찮은 일로도 쉽게 증오로 돌변한다. 정감과 존경심은 상호 연결이 약하고 양립하기가 어렵다.

사람의 지위는 곱고 따뜻한 마음씨보다 능력과 가치를 인정받음으로써 지켜질 수 있다.

발타자르 그라시안의 인생 강의
150

자신의 재능에 대한 평가는 주변 사람에게 맡겨라

누구든지 태어날 때부터 뛰어난 재능을 하나쯤은 갖고 나온다. 성공한 사람은 시간이 지나면서 재능을 갈고닦아 대성하는 것이다. 이 재능을 하루빨리 찾아내어 발전시키지 않으면 안 된다.

좋은 날만 계속되는 것은 아니며 주목을 받게 될 날이 언제 올지 아무도 모른다. 기회를 놓치지 말라. 그러나 다행스럽게도 재능을 발휘할 기회는 조금씩 빈번하게 찾아온다.

상인들이 상품을 진열해 놓고 손님을 끌듯이 재능도 사람들의 눈에 자주 띄어야 한다. 신의 창조사업이 태양을 빚어냄으로써 시작되었듯이 모든 것은 햇빛을 받음으로써 생명을 유지한다. 아무리 뛰어난 재능이라도 그 평가는 주변 사람들에게 맡기지 않으면 안 된다.

발타자르 그라시안의 인생 강의
151

손쉬운 일은 어려운 일, 어려운 일은 손쉬운 일이라고 생각하라

손쉬운 일에는 어려운 일을 대할 때의 마음가짐으로, 어려운 일은 손쉬운 일이라는 생각으로 대처하라. 그렇게 하면 자신을 너무 믿는 자만심 과잉에 빠질 염려도 없고, 놀라거나 두려운 나머지 일할 의욕을 잃는 경우도 없을 것이다.

손쉬운 일은 마치 다 된 것처럼 가볍게 생각하기 쉽지만 그대로 내버려 둬서는 언제까지나 끝나지 않는다.

도저히 불가능한 일이라고 생각되는 일도 착실하게 꾸준히 노력을 쌓아 나가면 언젠가는 이루어지게 되는 법이다. 위기에 직면했을 때에는 생각보다 먼저 행동으로 극복해야 한다. 곤란한 일만을 일일이 열거하면서 끙끙 앓아 보았자 상황은 조금도 진전되지 않는다.

발타자르 그라시안의 인생 강의
152

능력은 노력으로 열매를 맺는다

출세하려면 노력과 능력이 필요하다. 능력이 있는 데다 노력도 게을리 하지 않는다면 사람은 누구나 자연히 두각을 나타내게 된다.

재능은 남보다 뒤떨어진 평범한 사람도 열심히 노력하면, 우수한 재능을 가지고는 있지만 꾀를 부리는 사람보다 훌륭한 업적을 이루어낼 수가 있다. 노력함으로써 얻어지는 것은 크고, 명성까지도 손안에 넣는다.

일하는 데에는 소질도 중요하고 수완도 필요하지만, 그 일에 열매를 맺게 하는 것은 역시 노력이다.

발타자르 그라시안의 인생 강의
153

일을 쉬면서, 인생은 여유 있게 보내라

야심가는 대부분 외면적으로는 성공하나, 내면적으로는 실패한다. 재산을 늘리기 위해 정신적인 활력을 지나치게 희생하기 때문이다. 그런데도 그들은 저돌적으로 전진하며, 행복한 여가가 무리한 일보다 가치 있다고 생각하지 않는다.

귀중한 시간을 일에만 열중하며 보낼 수는 없다. 노동은 탐욕의 어머니이고, 무료함의 대체물이다.

한번 야심이 불붙기 시작하면, 몸의 기능이 쇠약해질 때까지 빠져나올 수가 없다. 너무 성공에 매달리지 말라. 선망에도 매달리지 말라. 이들은 인생을 짓밟고 정신을 질식시킨다. 잠시 일을 멈추고, 한가한 여유를 가져라. 현명한 사람은 여유 있게 인생을 보냄으로써 장수한다.

귀중한 시간을 일에만 열중하며 보낼 수는 없다

노동은 탐욕의 어머니이고, 무료함의 대체물이다

발타자르 그라시안의 인생 강의
154

훌륭한 업적을 이룬 사람의 뒤를 밟아서는 안 된다

공적이 뚜렷한 사람의 뒤를 밟지 않는 것이 좋다. 자신의 능력이 훨씬 뛰어나다고 확신할 수 없다면 누군가가 그 후임이 되리라는 것쯤은 생각해 두어야 한다. 전임자와 똑같은 일을 해내는 것만 해도 그 사람보다 두 배의 능력이 필요하다. 훌륭한 업적을 올리고 자리를 물러나는 것은 남들의 호의를 집중시킬 수 있는 묘한 방법이 되지만, 후계자는 아무래도 그 빛이 엷어진다. 전임자의 공적에 못지않은 일을 하려고 생각한다면 훨씬 더 분발하여야 한다.

전임자가 실수한 자리를 메우려고 열심히 노력하더라도 주위 사람들로부터 인정받기 어렵다. 역시 '구관(舊官)이 명관(明官)'이라고 쉽게 생각해 버리기 때문이다. 전임자에 맞서 견줄 만한 능력을 갖추었어도 그것만으로는 충분하지가 않다. 먼저 그 자리에 앉았던 사람 쪽이 그만큼 유리한 것이다. 전임자의 명성을 능가하는 신망을 모으려면 남달리 뛰어난 재능이 필요하다.

발타자르 그라시안의 인생 강의
155

위험은 극복하기보다는 피하는 것이 현명하다

위험한 다리를 건너지 말라. 사물의 양쪽 끝은 큰 간격으로 벌어져 있고, 그렇게 간단하게 진로를 바꿀 수 없으므로 생각이 깊은 사람은 항상 중용의 입장을 지킨다. 그들이 움직이기 시작했다는 것은 생각에 생각을 거듭한 끝에 나온 행동이다.

궁지에 몰렸을 때 올바른 판단을 할 수 있을지는 알 수 없는 일이다. 그러므로 '까마귀 싸우는 곳에 백로야 가지 마라.'는 속담처럼 위험한 데에는 일절 가까이하지 않는 편이 무난하다는 것이다. 한 번 재난에 휩쓸리면 또 다른 재난이 잇따라 덮치게 되고 마침내는 파멸의 구렁텅이에 빠지게 되어 버린다.

세상에는 앞뒤로 생각 없이 무턱대고 행동하는 무모한 사람이 있는데, 그는 자신이 스스로 위험을 불러들여 자기 자신뿐만 아니라 다른 사람까지도 궁지에 몰아넣는다.

그러나 도리나 사리를 찾아서 행동하는 사람은 그때그때의 상황을 잘 살펴본 다음, 위험을 극복하기보다는 피하는 편이 더 용기 있는 행동이라는 판단을 내린다.

발타자르 그라시안의 인생 강의
156

윗사람을 앞질러서는 안 된다

승리와 공적은 윗사람에게 돌려라. 윗사람을 앞질러 가는 것은 바보 같은 짓이다. 자기보다 우수한 사람에게 은근히 질투심을 느끼고 짜증스러운 느낌이 드는 것이 당연한 것이며, 윗사람이라면 더욱 그렇게 느낄 것이다. 대단한 장점이 아니라면 유의하여 숨겨 놓을 일이다. 자신보다 운이 좋다거나 인격이 뛰어나고 성격이 좋은 사람을 보고 짜증스러워하거나 얼굴을 찌푸리는 사람은 없지만, 자신보다 총명한 사람에 대해서는 적개심을 나타내게 된다. 특히 윗자리에 앉은 사람은 거의 그렇다.

지성이야말로 인간의 자질 중에서 최고의 자리를 차지하는 것인데, 윗자리에 앉은 사람은 이 최고의 자질 면에서도 정점에 서고 싶어 해 자신을 도와주는 사람에게는 미소를 보내지만, 자신을 앞질러 가려고 하는 사람은 쌀쌀한 눈길로 바라보는 것이다.

무엇인가 조언을 할 때는 '잊어버린 일을 다시 생각나게 해 주는구나!' 하는 생각이 들도록 해야 한다. 한 수 가르쳐 준다는 식의 태도는 금물이다.

이러한 미묘한 이치는 하늘의 별에게서 배우자. 태양의 아들인 별들은 하늘에서 빛을 내고 있지만, 태양보다 밝은 빛을 내려고는 아예 생각조차 하지 않는 것처럼 보이지 않는가.

발타자르 그라시안의 인생 강의
157

심사가 뒤틀린 논쟁을 좋아하면 아무리 토론을 해도 남는 것이 없다

심사가 뒤틀린 나머지 토론 그 자체에 매달리는 결벽증에 빠진 사람이 있다. 이같이 심술궂은 논쟁을 좋아하면, 아무리 토론을 거듭해도 남는 것이 없음으로 될수록 토론을 위한 토론은 피하는 것이 좋다.

그러나 이런 논쟁을 완전히 회피할 수 있다는 것은 무리한 요구이므로 어쩔 수 없이 논쟁에 휘말려들 경우에는 우선 그 논쟁이 핵심으로 접근해 가고 있는지 아니면 심술궂게 뒤엉키고 있는지를 분별해 낼 줄 알아야 한다.

때에 따라서는 뒤엉켜 있는 쟁점 가운데 흉계가 숨어 있는 때도 있다. 따라서 심사가 뒤틀려 있는 논쟁은 피하고, 흉계가 숨어 있다면 이쪽에서도 교묘하게 피하려고 온갖 주의를 기울이지 않으면 안 된다.

발타자르 그라시안의 인생 강의
158

무절제한 사랑도, 철저한 증오도 좋지 않다

마음속을 모르는 친구와는 언제라도 적이 될 수 있다는 점을 명심하라. 언제 그러한 현실이 닥치더라도 침착할 수 있도록 마음의 준비를 해 두어라.

상대가 우정을 버렸을 때, 유리하게 싸울 수 있는 무기를 줄 필요는 없다. 사랑이나 증오에도 브레이크가 필요하다. 적에 대해서는 가능한 한 화해의 문을 활짝 열어두는 것이 상책이다.

지난날의 원한이 오늘날 고통의 씨앗이 될지도 모른다. 그러나 시간이 약이 되듯이 상대가 지난날의 잘못을 깨달을 수도 있다는 점을 알아야 한다. 하지만 다시 교제하더라도 경계심을 게을리해서는 안 된다.

발타자르 그라시안의 인생 강의
159

농담은 가볍게 받아넘겨라

직장에서는 농담이 분쟁의 씨앗으로 돌변하는 때가 있기 때문에 그 대비책을 세워두지 않으면 안 된다. 농담은 가볍게 받아넘겨야지 어설프게 끼어들다가는 골치 아프게 된다.

유머는 장내의 분위기에 활력을 준다. 그러나 가끔 기분 나쁜 농담을 들었다고 신경을 곤두세울 필요가 없다. 차라리 눈치채지 않은 척하는 것이 좋다. 제일 무난한 방법은 가볍게 받아넘기는 것이다. 농담에 과잉 반응을 보이면, 경쾌한 분위기를 무겁게 하고 심지어 험악하게 할 수도 있다. 그러면 무거운 분위기가 계속되지 않게 하려고 더 큰 노력이 필요해진다.

농담을 할 때는 상대방의 기분을 잘 파악하고 해야 한다.

농담에 과잉 반응을 보이면,
경쾌한 분위기를 무겁게 하고
심지어 험악하게 할 수도 있기 때문에 농담을 할 때는
상대방의 기분을 잘 파악하고 해야 한다

발타자르 그라시안의 인생 강의
160

그만두어야 할 때와 자리를 알라

인생살이에서 알아 두어야 할 중요한 일의 하나는 (직업이든 그 밖의 일이든) 물러날 때를 아는 것이다. 그런 생각 없이 아무렇게나 일을 진행하는 때가 있는데, 이는 중요한 시간을 허비하는 것뿐만 아니라 그런 일에 정신없이 바삐 쫓아다닌다는 것은 아무 일도 하지 않는 것보다 훨씬 결과가 좋지 않다.

다른 사람의 일(업무)에 간섭하지 않는 것만으로는 분별 있는 사람이라고 말할 수 없다. 다른 사람도 자기 일에 끼어들어 간섭하지 않도록 해야 한다. 자기의 일이 만족스럽지 못하거나 좋지 않을 때일수록 다른 사람이 간섭하게 해서는 안 된다.

친구의 호의를 너무 스스럼없이 받는 것은 좋지 않고, 더욱이 그들이 자진해서 제공해 주는 이상의 것을 바래서도 안 된다. 무슨 일이나 정도가 지나치면 좋지 않으며 특히 인간관계에 있어서는 더욱 그러하다. 사려 깊게 분별을 하여 행동을 하고 절도를 지켜 대접하면 상대방은 언제나 호의를 가지고 대할 것이며 이쪽에 대한 존경의 마음도 변함이 없게 된다.

예의는 모든 행동의 근원으로 소중한 것이어서 쓰면 쓸수록 빛나는 것이다. 가장 중요한 일을 자기 뜻대로 대처해 나갈 수 있는 만큼의 자유를 확보해 두지 않으면 안 된다. 그리고 자신의 양심을 저버리는 일을 결코 해서는 안 된다.

발타자르 그라시안의 인생 강의
161

시간을 두고 차분히 일을 완성해라

무슨 일이든 대충 하지 말고 차분히 꼼꼼하게 마무리 지어라.

시간이 걸리는 불편이 있어도 그것이 가장 바른 길이다.

당장의 일만 모면하기 위해 대강 해치운 일은 순식간에 원래 상태대로 되돌아가 버린다.

영구히 남는 일을 하려면 그 나름대로 시간이 걸리는 법이다.

이 세상에는 완성된 것만이 주목을 받고, 성공을 거둔 일만이 오래 명성을 지니게 된다.

가치가 있는 귀금속일수록 제련하는 데 시간이 걸리고 시간이 걸린 만큼 귀중하게 여기게 되는 것이다.

발타자르 그라시안의 인생 강의
162

어리석은 사람이 뒷전으로 미루었던 일을 현명한 사람은 곧바로 해치운다

어리석은 사람이 뒷전으로 미룬 일을 현명한 사람은 곧바로 해치운다. 어느 쪽이나 일을 하는 것은 마찬가지지만 다른 점은 '언제 하느냐'가 문제이다.

현명한 사람은 때를 놓치지 않고 행동으로 옮기고 어리석은 사람은 언제나 때를 놓쳐 버린다. 때를 놓치고 당황하게 되면 바른 판단을 내릴 수가 없다. 사물을 거꾸로 보고 일을 시작하게 되면 할 일이나, 이루어 놓은 일이 자신이 생각했던 것과는 반대의 결과가 된다. 머릿속에 있어야 할 중요한 일도 잊어버리게 되고, 쉬운 일은 심각하게 생각해 버린다. 오른쪽으로 가야 할 것을 왼쪽으로 가고, 왼쪽에서 보아야 할 것을 오른쪽에서 보게 된다.

일을 훌륭하게 해내는 최고의 방법은 무슨 일이든 일찌감치 해 버리는 것이다. 그렇게 하지 않으면 즐거움 속에서 할 수 있는 일을 시간에 쫓기어 마지못해서 하는 꼴이 된다. 현명한 사람은 자신이 피해 갈 수 없는 일임을 재빨리 알고 즐거운 마음으로 일을 하며, 그로 인해 점점 좋은 평을 받게 되는 것이다.

발타자르 그라시안의 인생 강의
163

한번 시작한 일은 끝을 보아라

무슨 일이든 무턱대고 일을 시작하면 끝까지 해내지 못하는 사람이 있다. 변덕스러운 성격 탓에 무엇을 시작해도 오래 하지 못한다. 그동안 잘 해 나갔다 하더라도 그 일을 끝까지 이루어내지 못한다면 사람들에게 인정받을 수가 없다. 이러한 사람은 일의 결말이 나지 않았는데도 이미 끝나버린 듯한 생각이 들기 때문이다.

한번 시작한 일을 끝까지 해내지 못하는 것은 변덕스러운 성격 때문일 수도 있지만, 다른 한편으로는 무모하게도 불가능한 일에 몰두하기 때문일 수도 있다. 그러나 해볼 만한 가치가 있는 일이라면 끝까지 밀고 나가자. 끝을 볼 만한 가치가 없는 일이라면 도대체 무엇 때문에 시작했단 말인가.

현명한 사람은 단순히 사냥감을 추적만 하는 것이 아니라 한 번에 잡는 것이다.

해볼 만한 가치가 있는 일이라면 끝까지 이루어 볼 만한 가치도 있는 것이다. 끝을 볼 만한 가치가 없는 일이라면 도대체 무엇 때문에 시작했단 말인가

발타자르 그라시안의 인생 강의
164

자신의 목표에 이르는 길을 날마다 생각해 보자

내일의 일, 그리고 며칠 후의 일까지도 오늘 모두 생각해 놓자. 생각하는 시간을 가지는 것이 무엇보다도 장래에 대한 배려가 된다.

장차 다가올 난국을 대비해서 궁리하고 생각하는 데 드는 시간을 아까워해서는 안 된다. 지혜를 짜내서 매우 위급하고 어려운 경우를 미리 방지하도록 해야 한다.

일을 시작하기 전이나 일을 끝낸 뒤에도 아예 생각 같은 것은 하지 않는 사람도 있다. 그러나 사람은 자기 자신이 목표로 삼은 것에 대해서, 그곳에 이르는 길을 매일매일 생각하면서 살아가야 한다.

무슨 일이든 시작하기에 앞서서 먼저 곰곰이 생각하고 장래에 대한 배려를 해두는 것은 인생을 더욱 잘 살아나가기 위한 방책이다.

발타자르 그라시안의 인생 강의
165

승부욕이 유난히 강한 사람에게 경기 규칙이란 없다

수단과 방법을 가리지 않고 승리를 쟁취하려는 사람은 얼마든지 사람을 속일 수 있는 소지가 있다.

그런 사람에게는 성실성이나 예절과 같은 경기 규칙도 단지 목적을 달성하기 위한 수단에 불과하다. 그리고 상대방의 계획을 이용하려는 전략이 아닌 한, 자신의 계획을 절대로 밝히지 않는다.

따라서 남에게 봉사해서 호감을 사는 일은 능숙하게 해내지만, 막상 상대방의 계획이 난관에 봉착하면 제 몸 사리기 바쁘다. 이런 사람 앞에는 곳곳에 위험한 함정이 도사리고 있다.

경계심을 품고 있는 사람 앞에서 조그만 실수를 저질러도 그의 전략은 쉽게 상처를 입게 마련이다.

발타자르 그라시안의 인생 강의
166

남의 장점을 찾아내어 칭찬해 주어라

남의 좋은 점을 찾아내어 칭찬해 주면 취미가 고상하고 품위 있으며 안목이 높은 사람이라는 평가를 받게 된다.

다른 사람의 좋은 면을 이해하면 또 다른 사람의 그와 똑같은 좋은 면도 금방 이해하게 된다. 이렇게 하면 사물을 보는 안목과 식견을 높일 수 있어 남의 좋은 점을 놓치거나 그냥 보아 넘겨 버리지 않게 된다.

남을 칭찬하는 것은 아주 좋은 이야깃거리가 되기도 하고, 또 그 이야기를 들은 사람은 자기 자신도 '나도 저 사람처럼 해 봐야지.' 하는 생각이 들 것이다. 사람들이 모인 자리에서 칭찬을 하면 그 자리에 함께 모여 있던 사람들은 자기도 언행을 바르게 하여 칭찬을 받고 싶어 할 것이다. 이것은 사람들에게 예의를 갖추게 하는 좋은 방법이기도 하다.

그런데 그와는 정반대되는 언행을 하는 사람도 있다. 항상 남의 잘못이나 결점 따위를 들추어내어 헐뜯고, 그 자리에 있지도 않은 사람의 험담을 하여 같이 있는 사람에게 환심을 사려고 하는 것이다.

그와 같은 방법이 통하는 곳에는 좋은 점을 갖추는 데에 마음을 쓰지 않는 낮고 천박한 사람들뿐이다.

험담(욕)을 하는 사람은 다른 곳에서도 그와 똑같은 험담을 할 것이며 그 험담의 표적이 내가 아니라는 보장도 없다.

또 그들 중에는 과거의 훌륭한 업적보다도 최근에 저지른 사소한 일들을 마구 들추어내는 사람도 있다. 상대방을 진심으로 존경하고 있는 것이 아니라 인사치레로 하는 말로 받아들일 뿐이다.

사려 깊은 사람은 아무리 입에 침이 마르도록 칭찬을 하고, 어떤 인사치레 말을 하더라도 거기에 속아 넘어 가는 일이 없이 상대방의 속셈을 알아차린다.

언제나 인생은 내 맘 같지 않았다

1판 1쇄 인쇄 2022년 3월 10일
1판 1쇄 발행 2022년 3월 15일

지은이 발타자르 그라시안
펴낸이 윤다시
펴낸곳 도서출판 예가

주   소 서울시 영등포구 영신로 45길 2
전   화 02-2633-5462   팩 스 02-2633-5463
이메일 yegabook@hanmail.net   블로그 http://blog.daum.net/yegabook
등록번호 제 8-216호

ISBN 978-89-7567-634-5 13800

- 이 책은 저작권법에 의해 보호를 받는 저작물이므로 무단 복제·전재·발췌할 수 없습니다.
- 잘못된 책은 교환해 드립니다.
- 가격은 표지 뒷면에 있습니다.